T0169768

ŒUVRES DE PETER GEACH EN FRANÇAIS

Trois philosophes: Aristote, Thomas, Frege, avec G. E. M. Anscombe, trad. fr. D. Berlioz et Fr. Loth, Paris, Éditions d'Ithaque, 2014.

« Omnipotence », trad. fr. J.-B. Guillon, dans C. Michon et R. Pouivet (dir.), *Textes clés de philosophie de la religion : approches contemporaines*, Paris, Vrin, 2010.

LES VERTUS

BIBLIOTHÈQUE DES TEXTES PHILOSOPHIQUES

Fondateur Henri GOUHIER   Directeur Emmanuel CATTIN

Peter GEACH

LES VERTUS
CONFÉRENCES STANTON 1973-1974

Préface et traduction
par
Roger POUIVET

PARIS
LIBRAIRIE PHILOSOPHIQUE J. VRIN
6 place de la Sorbonne, V e
2022

Peter Geach, *The Virtues. The Stanton Lectures 1973-1974*
© The Executors and Trustees of Professor Peter Geach.
Translated with permission.

© *Librairie Philosophique J. VRIN*, 2022
ISSN 0249-7972
ISBN 978-2-7116-3084-4
www.vrin.fr

Ku czci

MAKSYMLIANA KOLBEGO

rycerza Niepolokanej

PRÉFACE DU TRADUCTEUR

Un livre intitulé *Les Vertus*, paru en Angleterre en 1977, semble se qualifier pour ce retour à Aristote, souvent présenté comme caractéristique de la philosophie morale britannique de l'époque. Il propose une alternative aux deux approches jusqu'alors dominantes, l'approche déontologique et l'approche utilitariste. La première est un héritage kantien ; elle recourt aux notions de devoir, de loi, d'impératif. Sa question fondamentale est « Que dois-je faire ? ». La seconde est un héritage de Bentham, Mill et Sidgwick ; elle se fonde sur un programme de maximisation du bonheur pour le plus grand nombre. Sa question fondamentale est « Qu'est-ce qui a la meilleure conséquence morale ? ».

La question morale que posent les néo-aristotéliciens serait plutôt « Quelle est la vie bonne ? ». Mais comment y répondre sans savoir quelle sorte de personne nous sommes et quelles vertus assurent notre excellence ? C'est autre chose que de miser sur des lois, des règles ou des principes moraux que les actions humaines devraient obligatoirement respecter ; ou de déterminer en quoi certaines émotions ou certains sentiments sont requis. La notion de vertu qui n'était plus, au mieux, que secondaire ou marginale, aurait ainsi retrouvé son rôle fondamental dans la pensée morale. C'est tout du moins ce récit d'une « renaissance de l'éthique des vertus » dans l'histoire de la philosophie anglaise récente qui est souvent proposé.

En un sens, on en trouverait l'écho dans le premier chapitre des *Vertus*. Geach a quelques mots, pas des plus aimables, pour Richard M. Hare, le défenseur de l'analyse conceptuelle en philosophie morale et du « prescripti-visme », selon lequel les énoncés moraux n'expriment pas des propositions. Ils ne sont donc pas vrais ou faux, mais manifestent des prescriptions universalisables. Cependant, ce n'est pas tant cette thèse qui est discutée par Geach que la sorte de mépris, affiché selon lui par Hare, pour la notion même de bonté ou de courage en philosophie morale.

Pour Elizabeth Anscombe, l'une des « Vingt opinions communes parmi les philosophes anglo-américains modernes »[1] est que « l'étude des vertus et des vices n'est pas une partie de l'éthique ». La renaissance de l'éthique des vertus est parfois datée exactement de 1958, quand Anscombe publie « La philosophie morale moderne »[2], un article dans lequel, avec sa vigueur dialectique légen-daire, elle rejette cette « opinion »[3]. Ce qui ne revient pas à s'opposer à la philosophie analytique – puisqu'« il est possible pour des gens ayant des croyances fort différentes de pratiquer cette sorte de philosophie », précise Anscombe. Mais un moratoire en philosophie morale est proposé ; à son terme il se pourrait, après nous être interrogés sur ce

---

1. G. E. M. Anscombe, « Twenty Opinions Common among Modern Anglo-American Philosophers » (1986), in *Faith in a Hard Ground*, M. Geach, L. Gormally, (eds.), Exeter, Imprint, 2008.

2. G. E. M. Anscombe, « Modern Moral Philosophy », *Philosophy*, vol. 33, n°124 (1958), trad. fr. G. Ginvert et P. Ducray, « La philosophie morale moderne », *Klésis* 9, 2008. Elizabeth Anscombe et Peter Geach sont mariés.

3. Voir P. Goldstein, *L'éthique néo-aristotélicienne*, Paris, Classiques Garnier, 2021 ; L. J. Fosum o.p., *Quelle grammaire de l'obligation morale ? Une étude philosophique et théologique sur l'éthique d'Elizabeth Anscombe*, Paris, Cerf, 2020.

que nous sommes, comme le faisait Aristote, que nous abandonnions enfin la thèse que « la nature humaine, comme espèce naturelle ayant une essence, n'existe pas ». Dans cette lignée, qu'on pourrait dire « vertueuse », se situent aussi les travaux de Philippa Foot, Alasdair Mac-Intyre, Rosalind Hursthouse, Christine Swanton, Candace Vogler, et bien d'autres ; comme le dit Nancy Snow, « depuis 1999, c'est un véritable déluge de travaux philosophiques qui ont été faits en éthique des vertus et en théorie des vertus »[1].

Pourtant, il faudrait avoir lu distraitement *Les Vertus* pour situer ce livre de Geach dans une telle perspective néo-aristotélicienne. Il en deviendrait même incompréhensible.

En 1977, Geach publie un diptyque issu des Conférences Stanton, prononcées à Cambridge. Les premières, de 1971-1972, forment *La Providence et le mal* (*Providence and Evil*)[2] ; les autres, prononcées en 1973-1974, constituent *Les Vertus*. Ces dernières ont aussi été prononcées en Suède, à l'Université d'Uppsala[3]. Le thème général des conférences n'est pas méta-éthique. L'une des autres « opinions communes » dans la philosophie anglo-américaine, fausses selon Anscombe, est que « l'éthique est "autonome" et [que], si elle doit être dérivée de quelque chose, c'est de la rationalité »[4]. Le lecteur s'apercevra rapidement, dès les premières pages des *Vertus*, que Geach

1. N. F. Snow, « Introduction », *The Oxford Handbook of Virtue*, N. E. Snow (ed.), Oxford, Oxford University Press, 2018, p. 2.

2. P. Geach, *Providence and Evil*, Cambridge, Cambridge University Press, 1977.

3. La préface de Peter Geach, plus loin, p. 21, donne d'utiles indications.

4. G. E. M. Anscombe, « Twenty Opinions Common among Modern Anglo-American Philosophers », art. cit, , p. 67.

rejette aussi cette thèse. Et surtout que, dans le diptyque, *Les Vertus* est un livre de philosophie de la religion, tout autant que *La Providence et le mal*.

La philosophie de la religion de Geach examine les dogmes religieux chrétiens, et à l'occasion, à des fins de comparaison, d'autres religions. C'est une « théologie philosophique »[1], comprise comme une explicitation des croyances, concepts et doctrines constitutifs du christianisme. Elle se situe dans une longue tradition comprenant des penseurs de l'Antiquité (Anaximandre, Platon, Aristote, Cicéron), des philosophes médiévaux (Augustin, Anselme, Thomas, Scot, Ockham) et des philosophes classiques (Descartes, Spinoza ou Leibniz). Cette tradition a été délaissée par certains philosophes du XIXe siècle et du XXe siècle[2] – ceux qui ont cru à la fin de la métaphysique. Mais Francis H. Bradley, John McTaggart Ellis McTaggart, Charles S. Peirce, Franz Brentano, Alfred N. Whitehead n'y ont pas cru[3]. Certains aspects de la philosophie contemporaine montrent de plus que cette éclipse partielle de la métaphysique et de la théologie philosophique n'aura été qu'une parenthèse, peu significative finalement à l'échelle de l'histoire de la pensée. C'est dans ce cadre – celui d'une

1. Voir à ce sujet, C. Michon et R. Pouivet (dir.), « Préface », *Philosophie de la religion : approches contemporaines*, Paris, Vrin, 2010, p. 7-15.

2. Par « philosophie de la religion », il ne faut donc pas entendre, s'agissant de Geach, l'étude philosophique du passage de l'animisme au polythéisme, puis au monothéisme, en particulier chrétien, à la Hegel, et donc l'histoire d'un concept ; ce n'est pas non plus la religion comme phénomène psychique, à la Nietzsche ou Freud ; ou comme phénomène social, à la Durkheim ; et pas une phénoménologie de l'expérience religieuse, une perspective si impériale en France aujourd'hui.

3. Voir F. Nef, *Qu'est-ce que la métaphysique ?*, Paris, Gallimard, 2004.

renaissance de la métaphysique, si tant est même qu'il y en eût besoin – qu'il faut lire *Les Vertus*.

Dans *La Providence et le mal*, Geach examine la toute-puissance de Dieu, son omnipotence, sa providence, le péché originel, la souffrance (tant animale qu'humaine), l'enfer. Dans *Les Vertus*, les vertus théologales (la foi, l'espérance et la charité), et les vertus morales (la prudence, la justice, la tempérance, le courage) sont abordées, comme d'autres thèmes centraux du christianisme[1]. Geach n'a donc pas changé de sujet : dans *Les Vertus*, ce sont toujours des questions de théologie philosophique qui sont examinées, du moins celles qui importent dans la philosophie morale. Expliquer pourquoi nous devons avoir des vertus, théologales et morales, revient à se placer dans le sillage de *Some Dogmas of Religion*, de McTaggart, comme il le souligne explicitement à la toute fin du livre.[2]

Pour Geach, sans la charité, les vertus qui ne sont pas théologales peuvent être des biens authentiques, mais cependant limités. « Charité » au sens de l'amour divin, non pas de cet amour humain, surévalué et à tendance sentimentaliste[3]. Les hommes sont faits pour réaliser la seule chose qui vaille, ce que Dieu veut pour eux dans un amour divin sans lequel nous n'existerions pas. Ce livre ne propose ainsi pas un exposé « laïque » des vertus

1. Voir P. Geach, *God and the Soul*, London, Routledge-Kegan Paul, 1969.

2. McTaggart, *Some Dogmas of Religion*, London, Edward Arnold, 1906. Le père de Geach fut à Cambridge l'étudiant de McTaggart (de Moore et Russell aussi). Voir P. Geach, « A Philosophical Autobiography », *in* Harry A. Lewis (ed.), *Peter Geach : Philosophical Encounters*, Dordrecht, Kluwer, 1991.

3. Ce qui fait aussi penser au livre (publié en 1960) de C. S. Lewis, *Les Quatre Amours*, Le Mont-Pèlerin, Éditions Raphaël, 2005. Dans *Les Vertus*, il y a plusieurs références à C. S. Lewis, parfois critiques.

cardinales ; il n'est pas néo-aristotélicien et n'est en rien dans le style de « l'éthique des vertus », devenue une branche de l'éthique universitaire (et une catégorie éditoriale florissante). « C'est seulement par les vertus théologales qu'un homme peut surmonter la dérive mortelle de sa nature dans la mauvaise direction que les chrétiens appellent le péché originel »[1], dit Geach[2].

La philosophie morale de Geach dans *Les Vertus* n'est pas extérieure à la théologie philosophique, laquelle n'est pas extérieure à la foi chrétienne. C'est certes en cela une conception dogmatique de la foi ; elle a été très critiquée ces derniers temps, parce que, dit-on, la foi serait plutôt un élan du cœur ou une expérience intérieure. C'est cependant la première conception, propositionnelle, qui fournit l'arrière-plan de la philosophie morale de Geach. Avoir la foi consiste à croire les affirmations du Credo, quand bien même elle ne se réduit certes pas à cela. Le croire *en* n'en est pas moins un croire *que*…

Mais la philosophie en général, et morale en particulier, peut-elle ainsi être indexée à des dogmes chrétiens ? Ceux pour qui la philosophie se devrait d'être critique ou du moins de rejeter le préalable des vérités de foi, jugeront que c'est là un problème de méthode. Il faudrait hermétiquement distinguer philosophie et théologie ; et surtout ne pas philosopher avec des présupposés manifestement religieux. Mais si Dieu existe et que le vrai Dieu est celui du théisme chrétien – ce dont Geach ne semble pas douter –, quel sens y aurait-il à se situer *à l'extérieur* des dogmes chrétiens, qui plus est quand on pose des questions morales ? Ne pas partir de ce que l'on sait être vrai, en quoi est-ce

---

1. *Cf.* p. 233.
2. Voir à ce sujet M. S. Sherwin, *On Love and Virtue*, *Theological Essays*, Steubenville (Ohio), Emmaus Academic, 2018.

une bonne méthode ? Geach montre la cohérence, la consistance, la capacité explicative des dogmes chrétiens, en particulier pour la conduite de nos vies.

Des infidèles peuvent collaborer dans la brigade des pompiers, dit Geach, d'accord en cela avec Tadeusz Kotarbiński[1]. Les vertus morales suivent de notre nature rationnelle au sens où nous examinons ce qu'elles sont en sachant ce que nous sommes, quelle est notre nature. Comme le dit Anscombe[2], il y a pour les hommes un nombre normal de dents, fixé par la nature ; il y a aussi une forme de vie morale caractéristique des êtres rationnels. Ce qui réduit le prétendu relativisme des valeurs morales : nous pouvons dire que certaines manières de vivre sont moralement répugnantes ; qu'elles soient des us et coutumes, que les anthropologues ou les sociologues en fassent le recensement, qu'on les ait rencontrées dans l'histoire, qu'elles soient présentées comme un progrès social, qu'elles résultent de l'évolution, cela n'y change rien. L'ordonnancement de nos inclinations naturelles ne trouve ses véritables normes et sa finalité que dans la loi divine et les vertus théologales. C'est avec elles que nous pouvons espérer être sauvés du péché.

Si les vertus morales sont acquises, du moins pour une part, et sont alors une affaire de vie sociale, en revanche les vertus théologales sont infuses et reliées à des dons de l'Esprit Saint[3]. Et la loi morale n'est rien d'autre que la loi divine. C'est aussi pourquoi il faut rejeter la thèse selon

1. L'un des principaux philosophes polonais du xxᵉ siècle, membre de l'École de Lvov-Varsovie, et dont Geach fut l'ami.

2. G. E. M. Anscombe, « La philosophie morale moderne », art. cit., p. 26.

3. Voir la deuxième partie de la *Somme Théologique* de saint Thomas, et pour des explications, lire S. Pinckaers o.p., *Les Sources de la morale chrétienne*, Freibourg-Paris, Academic Press-Cerf, 1985.

laquelle les conséquences bonnes de nos actions déterminent notre valeur morale (le conséquentialisme). Il faut en revanche reconnaître que certains actes, même perpétrés avec de supposées bonnes intentions et bons sentiments, détruisent la vie humaine. Ils vont à l'encontre de ce pour quoi nous sommes faits, c'est-à-dire « la glorification de Dieu et la béatitude pour toujours auprès de lui »[1]. La réalité morale est l'existence d'un Bien absolu ; pour peu qu'il manque de nous attirer plus que tout autre chose, nous dérivons lamentablement et parfois irrémédiablement, jusqu'en Enfer – ce dont il est question dans *La Providence et le mal*[2].

Si ce livre de Geach est à ce point enraciné dans la pensée chrétienne, quelle raison peut-il y avoir pour l'incroyant de le lire ? Et quelle raison peut-il y avoir pour un croyant convaincu que la théologie rationnelle est une caricature de la foi, que la foi est déliée de toute certitude métaphysique, voire de toute croyance ?

La raison la moins pressante de lire ce livre, force est de le reconnaître, est que sa traduction permettra en France une meilleure connaissance de la philosophie britannique des années soixante-dix du siècle dernier. Elle est parfois identifiée, vraiment à tort, à la seule philosophie du langage ordinaire. Mais il y a une meilleure raison, à savoir que, dans ce livre, apparaissent certaines des préoccupations philosophiques pour lesquelles Geach est renommé (du moins chez les philosophes analytiques) : l'examen de la

---

1. *Cf.* p. 70.
2. « Ce qui sépare le Ciel et l'Enfer, ce ne sont pas des portes de cuivre ou des chaînes de fer pour les prisonniers, pas plus qu'il n'y a un gouffre entre les deux ; le Ciel et l'Enfer après le Jugement dernier sont séparés par la dure nécessité logique qui rend le passé inaltérable et irrévocable : une nécessité qui n'est pas imposée par Dieu mais par sa Vérité et sa Justice » (P. Geach, *Providence and Evil*, *op. cit.*, p. 145).

distinction entre analytique et synthétique, la discussion de l'engagement ontologique (tel qu'il apparaît chez Quine), la différence entre les propriétés attributives et les propriétés prédicatives, la théorie de l'identité relative, le fameux « problème Frege-Geach » comme critique de l'émotivisme, la théorie de l'explication téléologique, la théorie de l'induction, etc. Ce sont des problèmes philosophiques que Geach a discutés avec une rigueur de logicien et la vigueur de celui qui en déduisait des conséquences importantes pour notre vie terrestre et dans l'Autre monde. En réapparaissant dans le cadre de la théologie philosophique, les mêmes problèmes sont assurés d'un traitement lui aussi rigoureux et vigoureux. Ainsi, l'expertise logique de Geach fait merveille dans un domaine au sein duquel, selon certains, elle n'aurait pas sa place au XXe siècle. En retour, ces problèmes philosophiques sont nettement enrichis par l'examen des questions de théologie philosophique.

Dans *Les Vertus*, Geach défend une forme de réalisme moral *théologique*. Les obligations morales qui se manifestent dans nos vertus ne sont pas des impératifs de la raison, ni des préférences subjectives ou des constructions sociales. Elles trouvent leur fondement dans la volonté divine. Beaucoup ont pu penser qu'une thèse aussi centrale du théisme classique – celle, *mutatis mutandis*, d'Augustin, d'Anselme ou de Thomas d'Aquin – avait disparu de la pensée contemporaine. Ils comprendront mieux, avec ce livre, les raisons de l'accepter et pourquoi elles sont essentielles pour la philosophie morale. Le fait que nous vivons notre vie devant Dieu, notre Créateur et notre Seigneur, n'est certes plus une thèse courante en philosophie morale – et dans la culture environnante dont les philosophes sont redevables. C'est cependant celle qui est vigoureusement défendue ici.

L'éthique des vertus n'est pas toujours et seulement une conception néo-aristotélicienne insistant sur les qualités de caractère des personnes. Chez Geach, il s'agit de l'affirmation théiste selon laquelle nous sommes faits pour le bien, mais nous nous en détournons par le péché. Il est inscrit en nous depuis la Chute ; il nous coupe de Celui qui nous a faits et dont nous devons attendre la grâce, qui seule peut nous sauver.

Si vous pensez que cette thèse est juste, elle est ici présentée de la meilleure façon. Si vous pensez qu'elle est aberrante, il en va de même et c'est donc une bonne raison de lire ce livre.

Roger Pouivet

REMARQUES SUR LA TRADUCTION

Geach écrit en utilisant souvent le point-virgule. J'ai conservé ce trait de son style. C'est aussi sa façon d'articuler ses idées.

Geach pense son lecteur aussi savant que lui et ainsi à même de reconnaître les passages de la Bible, les références poétiques ou philosophiques. J'ai cru bon de proposer des renvois explicites quand j'ai été capable de les repérer. Geach écrit sans note de bas de pages ou presque ; la plupart dans ce livre sont celles du traducteur (indiquées par « N.d.T. »).

Le livre possède une âpre beauté. L'effort des philosophes analytiques pour être clairs et rigoureux, transparents dans leurs intentions et argumentatifs dans leur méthode, nous a valu des articles et des livres dont les mérites littéraires sont parfois modestes. L'imitation du style scientifique ne préoccupe heureusement pas Geach.

L'exergue placé par Peter Geach au début du livre se traduit ainsi :

> En l'honneur de Maximilien Kolbe, Chevalier de l'Immaculée.

J'ajoute que le Père Kolbe a été canonisé en 1982 sous le Pontificat de saint Jean-Paul II.

Je remercie Arnaud Guilloux et surtout Gaël Kervoas pour leurs relectures de cette traduction, ainsi que d'autres relecteurs, qui resteront anonymes.

Roger POUIVET

PRÉFACE DE L'AUTEUR

Le cours constitué par les Conférences Stanton, données en 1972-1973, avait comme sujet général : « Liberté et prédiction ». Quand j'ai préparé les notes des trois années de cours pour la publication, pendant l'année 1974-1975 – l'Université de Leeds m'ayant aimablement accordé une année de congé à cet effet – j'ai considéré qu'elles exige- raient une révision plus considérable s'agissant de ce cours que pour les deux autres : j'ai ainsi différé sa publication.

Ce cours comprenant huit conférences sur « Les vertus » a été donné à Cambridge en 1973-1974, puis de nouveau comme Conférences Hägerström à l'Université d'Uppsala en avril 1975. Je remercie mes hôtes suédois pour l'honneur qu'ils me firent, leur hospitalité et les nombreuses heures de paisible solitude qui me donnèrent l'occasion plus que nécessaire de révisions importantes. Je crains qu'Häger- ström n'était alors rien de plus pour moi qu'un nom ; ce que j'ai lu de lui depuis rend évident qu'une plus grande divergence d'opinions et d'attitudes pourrait difficilement être imaginée entre lui et celui qui prononça les conférences portant son nom ; cependant, je pense que mes écrits précédents permettaient de se rendre compte de ce que, vraisemblablement, je serais conduit à dire.

Je suis de nouveau très reconnaissant envers le Master et les Fellows de St John's College pour leur hospitalité durant l'année de congé obtenue à Leeds, que j'ai ainsi passée à Cambridge, à réviser mon travail. *Finis coronat opus.*

P. T. GEACH

TABLE ANALYTIQUE DES MATIÈRES

CHAPITRE PREMIER : POURQUOI LES HOMMES ONT BESOIN DES VERTUS

Je montrerai que les quatre vertus « cardinales » sont certainement d'authentiques vertus, requises dans une vie humaine. Le besoin des vertus « théologales » de foi, d'espérance et de charité dépend de la vérité de certains dogmes : je les exposerai seulement, sans essayer de les justifier.

La bonté des vertus cardinales, du courage en particulier, n'est pas à mon sens une thèse qu'on puisse réviser ; en m'exprimant ainsi, je n'en adopte pas pour autant la thèse de la « vérité par définition » ou celle de la « vérité en vertu de la signification des mots ». En fait, on peut douter que ces expressions aient simplement un sens cohérent.

Un appel à nos inclinations en faveur de notre Sens du Devoir ne veut rien dire. Qu'un méchant soit consciencieux le rend seulement encore plus détestable. Une persuasion rationnelle doit en appeler aux inclinations de l'agent, non pas à d'aveugles « Vous devez » ou « Vous ne devez pas ». Souvent, les inclinations ne sont bien sûr pas égoïstes.

Il faut considérer ce dont les hommes *ont besoin* plutôt que ce qu'ils *désirent*. Ce dont un homme a besoin est ce qui lui est nécessaire pour atteindre des fins proprement humaines.

Les activités humaines entrant dans un schème d'explication téléologique, les fins de l'homme peuvent être établies ; dans un tel schème, nous faisons comme si la Nature avait des buts ou des stratégies, et nous construisons des raisonnements avec la même structure *formelle* que le raisonnement humain pratique, passant des fins aux moyens.

Une doctrine néo-aristotélicienne des téléologies naturelles ne conduit pas à attribuer des désirs à des choses inanimées, et pas non plus à attribuer un stratagème de moyens à Dieu Tout-puissant; il n'y a pas de bonne raison pour penser cette doctrine comme contraire à la science sérieuse ni pour considérer qu'elle est dépourvue d'utilité heuristique.

Dès lors, cela a un sens de demander : « Pour quoi les hommes sont-ils faits ? », tout comme cela a un sens de demander : « Pour quoi un cœur est-il fait ? », « Pour quoi les dents sont-elles faites ? » ; et nous pouvons peut-être trouver une réponse.

Mais le besoin des vertus cardinales peut être établi sans répondre à ce questionnement ; de même que les hommes poursuivant des stratégies irréconciliables peuvent s'accorder sur une certaine fin à défaut de laquelle la stratégie de chacun serait remise en question.

Un tel accord est impossible si les stratégies ultimes de ces personnes se trouvent par trop déviantes. Mais nous n'avons pas besoin de tenir plus sérieusement compte des stratégies pratiques folles que de stratégies folles, elles aussi, mais théoriques. L'argument pour dire que les deux sortes de désaccord ne sont pas de même niveau est vicieusement circulaire.

Si nous excluons les idées folles de ce pour quoi les hommes sont faits, nous avons besoin de toutes les vertus cardinales, puisqu'elles sont nécessaires dans tout projet à large échelle, comme le sont la santé physique et la santé mentale.

Les hommes bénéficient des vertus comme les abeilles de leurs dards, même si l'usage de cette possession bénéfique peut être fatal, individuellement, à un homme ou à une abeille. Le choix n'est pas : des vertus pour leur propre bien ou l'égoïsme. Les inclinations des hommes les conduisent à faire attention aux autres hommes, et un comportement qui n'est pas égoïste peut aller à l'encontre de la vertu de justice.

La charité est l'amour de Dieu et de notre prochain pour l'amour de Dieu ; s'il n'y a pas de Dieu à aimer, l'amour n'est pas une vertu mais une illusion à la Don Quichotte.

Si tous les hommes peuvent atteindre leur fin dernière, mais seulement en faisant les choix corrects, alors ils ont besoin de la *foi* pour persister dans la perspective appropriée sur les choses, même quand elle semble trop bonne ou trop mauvaise pour être vraie ; ils ont besoin de l'*espoir* pour les préserver de la présomption, qui pourrait les conduire à ignorer des dangers, et du désespoir, qui les conduirait à renoncer à poursuivre cette fin.

Un code moral « adopté librement » ignorant les téléologies intégrées à la nature humaine ne peut que conduire au désastre.

Chapitre II : La foi

La thèse que l'homme ne peut être sauvé sans la foi ne veut pas dire que Dieu impose un test théologique que l'homme aurait à passer.

La foi révèle la fin dernière de l'homme ; donc ceux qui manquent de foi ne peuvent pas correctement comprendre pourquoi nous avons besoin de la foi. La foi est un don de Dieu ; j'essaie simplement ici d'écarter les obstacles à la foi.

Pour montrer ce qu'est la foi salvatrice, nous devons montrer *pour quoi* les hommes sont sauvés et *ce* dont ils sont sauvés. *Pour quoi* les hommes sont sauvés est leur fin principale : connaître et aimer Dieu. Mais comme la plupart des glands ne deviennent pas des chênes, bien que ce soit leur fin, tous les hommes ne réalisent pas leur fin principale : cependant, un gland qui ne devient pas un chêne, comme un homme perdu, n'est pas réduit à l'inutilité.

Les hommes réalisent leur fin par libre choix, et ils ne peuvent manquer d'y parvenir que par une perversion de ce libre choix, parce que tous les hommes reçoivent une grâce suffisante pour leur salut. Mais le mystère obscur du péché ne s'explique pas seulement par l'existence du libre choix. Un chrétien croit que le péché est permis seulement pour l'envergure qu'il donne en cela à l'amour rédempteur du Christ et de ceux qui le suivent.

Ce dont les hommes sont sauvés, c'est du péché ; non seulement le péché personnel, mais le péché originel. Du fait de la corruption du monde adamique en son entier, seuls ceux auxquels est donnée la nouvelle vie du Christ peuvent être sauvés, individuellement ; il y a une corruption conjointe de la race humaine, mais pas de salut conjoint. Dès lors, pour comprendre la foi salvatrice nous devons examiner ce qu'est le péché originel.

Le péché originel n'est pas la perte de privilèges sans pareils dont nous héritons, mais une propension mortifère au mal du fait de nos inclinations naturelles.

Thomas d'Aquin verse dans une contradiction apparente : comment des âmes nouvellement créées par Dieu contracteraient-elles le péché sans le vouloir du fait de leur simple origine ?

Nous devons reformuler son problème en termes d'une conception plus aristotélicienne du corps et de l'âme ; une âme ne peut être considérée, de façon cohérente, comme créée d'abord, puis infusée dans un corps ; il ne peut pas même y avoir une priorité conceptuelle, puisque les âmes doivent l'individuation aux corps, comme Thomas d'Aquin en fait l'enseigne.

Mais l'origine de chaque nouvelle vie humaine requiert une intervention divine spéciale. Nous pouvons nous en rendre compte parce que les modes de description requis des activités humaines ne sont pas logiquement dérivables des sciences de la nature.

Nous devons oser être plus aristotéliciens qu'Aristote et rejeter les excès platoniciens au sujet des parties de l'âme. La racine de la volonté d'un homme, celle qui grandit pendant toute sa vie humaine, et ne concerne pas seulement ses actions délibérées, provient du mouvement génératif des ancêtres déchus. Dès lors, par nature, nous avons tendance à accepter d'être de cette sorte de créatures viciées que la Chute a fait de nous. Si nous l'acceptons, alors nous verserons bientôt dans le péché, flagrant et solide.

Comment la nature humaine est-elle individuée ? Tout ce qui dans l'homme est un élément séparé de vie n'est pas un être humain. Les hommes sont individués par l'intellect, qui se manifeste physiquement dans le système nerveux central ; l'intellect est une capacité d'acquisition de capacités mentales particulières. Un nouvel intellect signifie une chance nouvelle pour la volonté pervertie depuis Adam d'inverser sa direction. Tous les hommes ont une grâce suffisante pour y parvenir.

Le but du salut n'est pas, contrairement à ce que pensait Schopenhauer, non conceptualisable ; et les hommes peuvent être empêchés par des conceptions fausses de se tourner vers Dieu.

Une conception vraie de Dieu s'obtient en croyant au témoignage faisant autorité – c'est là une conception judéo-chrétienne (et musulmane).

La croyance dans le témoignage ne peut pas être justifiée par induction. Un homme doit se fier au témoignage ; il n'a pas pour cela à se fonder sur une expérience, car le seul témoignage nous informe suffisamment de ce qu'a été l'expérience humaine.

On ne peut pas avoir confiance en toutes les autorités. Comment alors reconnaître le témoignage de Dieu ?

Personne ne peut enraciner une croyance simplement sur la conviction profonde d'une autre personne ; la chaîne doit s'achever à quelqu'un qui ne croit pas, mais qui voit, ou sinon l'aveugle guide l'aveugle.

Seule une autorité qui s'affirme infaillible peut être infaillible. Cette affirmation requiert que l'autorité considère le mensonge dans l'intérêt de la religion comme absolument exclu, et aussi en même temps qu'elle ne doit pas demander d'accepter, à différents moments, des dogmes qui s'opposent.

L'objection que la foi ne porte pas sur des propositions mais qu'elle est la foi en une personne est un contresens ; la confiance d'un homme ne peut en fait pas porter sur une personne si, au sujet de qui elle est, la confusion est radicale. Les tout premiers chrétiens avaient un credo propositionnel : Jésus est le Messie, le Fils de Dieu.

Pouvons-nous croire par la foi que Dieu existe ? Même si cette vérité est démontrable, nous pouvons avoir besoin de la foi pour nous maintenir dans la vérité. Quelqu'un qui reçoit un message manifeste offrant de l'aide peut croire en l'existence d'un secours simplement par la force du message, cela n'a rien d'irrationnel.

La foi peut-elle requérir de croire à des mystères ? Nous ne pouvons pas honnêtement être tenus d'accepter des dogmes simplement et seulement parce que nous ne comprenons pas les termes utilisés pour les formuler. Mais les mystères ne doivent pas être considérés comme radicalement inintelligibles ; l'esprit d'un croyant est de plus en plus éclairé et renforcé par leur contemplation, sa compréhension s'en trouve élargie même en dehors du domaine religieux.

Voici le test de la foi : que nous nous cramponnions à la vérité quand, dans certaines situations, nous sommes tentés de l'abandonner.

CHAPITRE III : L'ESPÉRANCE

L'espérance comme vertu a un sens dès qu'on pense que la fin dernière de l'homme n'est ni impossible à atteindre ni parfaitement assurée pour un individu donné. La voie vers la vie éternelle peut être très ardue, et nous n'avons pas de raison d'être sûr que nous *triompherons*, mais seulement qu'avec l'aide de Dieu nous *pouvons* y parvenir. Toute grâce offerte et rejetée *peut être* notre dernière chance, même si un homme vit encore longtemps après cela.

L'espérance, ce après quoi nous espérons, est une participation par la résurrection au Royaume de Dieu.

J'essaierai de montrer que toute autre espérance, pour des individus ou pour la race humaine, est tout à fait sans fondement.

Les hommes ne sont pas seulement des animaux supérieurs, avec des pouvoirs qui ont évolué pour s'adapter à leur environnement ; la vie d'un homme doit être décrite en termes intentionnels qui sont irréductibles aux catégories du naturalisme.

Nos réussites scientifiques comprennent une appréhension de la réalité qui va au-delà de ce que nous apporterait la connaissance comprise comme simple moyen de survie ; si cela nous conduit à nous méfier des extrapolations scientifiques, cela cadre avec l'histoire des créatures rationnelles évoluant naturellement, laquelle requiert la confiance en de telles extrapolations.

Savoir si la vie peut provenir, par des processus naturels, de ce qui est inanimé, cela n'a aucune importance religieuse. En revanche, l'irruption d'une créature rationnelle est strictement miraculeuse ; il n'y a aucune raison, quelle qu'elle soit, de croire que des animaux rationnels seront issus par un processus naturel de ce qui n'est pas rationnel. Nous ne pouvons savoir s'il y a des créatures rationnelles ailleurs que si Dieu nous le dit – et c'est l'affaire de Dieu, pas la nôtre.

Il y a un dialogue entre Dieu et ses créatures rationnelles ; elles lui font connaître leurs demandes et Dieu leur fait des promesses. Seules les promesses divines par Celui dont nous partageons la rationalité peuvent nous conforter dans la confiance que la nature se conformera à nos habitudes d'attente rationnelle ; c'est une idée juive (« l'alliance avec le jour et la nuit »[1]).

Seul Dieu est immortel par nature ; des créatures rationnelles n'existent qu'aussi longtemps qu'il le veut. L'homme n'est pourtant pas ligoté aux aspects pratiques de sa vie mortelle et peut désirer l'éternité ! Certains philosophes ont pensé que nous devrions nous satisfaire que l'Éternel existe et d'avoir une certaine participation à sa nature ; ce qui ne laisserait pas de place pour l'*espérance*. Peu d'hommes ont prétendu avoir une connaissance directe de l'Éternel dans cette vie ; la plupart de ces prétentions doivent être des fraudes ou des illusions.

Les hommes meurent réellement ; la survie d'une âme séparée ne serait pas la survie d'un homme. Au sujet d'un mort, pouvons-nous demander ce que son âme fait en ce *moment précis* ? Il y a des raisons de douter de l'idée commune d'un temps continu unilinéaire. Même dans cette vie, des pensées successives ne

1. *Jr*, 33, 20 (N.d.T.).

sont pas simplement corrélées avec les moments de certains processus physiques ; il y a aussi des difficultés bien connues s'agissant de la temporalité du rêve. De plus, différentes possibilités futures ne peuvent pas entrer dans l'image d'un temps unilinéaire. Peut-être, alors, ce que les âmes des morts font entre la mort et la résurrection concerne les expériences que les ressuscités auront eues, sans qu'il soit vrai qu'ils ont *maintenant* des expériences simultanées aux nôtres.

Cette thèse résoudrait des problèmes concernant l'individuation des âmes séparées ; quand il ressuscite, un homme *aura eu* certaines expériences *post-mortem*, et le seul véritable problème est de savoir ce qui fait que cet homme est le même que celui qui est mort.

S'agissant de ce que « je » signifie, la conception chrétienne s'oppose radicalement à celle de Platon. L'erreur socinienne selon laquelle il n'y a pas de vie mentale entre la mort et la résurrection appauvrit la doctrine de la Communion des saints ; mais ce n'est pas une erreur aussi mauvaise que la doctrine d'Hyménée et Philète[1] selon laquelle la résurrection *réelle* a déjà eu lieu – ce qui remplace l'espoir chrétien par une fable incohérente. Les deux erreurs ont des formes contemporaines.

Des problèmes au sujet de l'identité des hommes qui ressuscitent ne devraient pas créer un réel souci ; la solution est complètement entre les mains de Dieu, et il ne veut pas la bâcler.

La seule espérance pour des hommes individuels est ainsi celle de la gloire dans la résurrection.

De plus, la seule espérance pour les hommes pris ensemble est le Royaume de Dieu. Les hommes sont trop insensés, corrompus et impotents pour résoudre les problèmes du monde : ils seront sauvés par le Messie, ou pas du tout. Juifs et chrétiens se tournent de plus en plus vers cette espérance.

---

1. 2 *Ti*, 17 (N.d.T.).

Chapitre IV : La charité

Toutes les vertus ne peuvent pas être attribuées à la nature divine : s'agissant de la tempérance et du courage, c'est clairement non ; quant à la foi et l'espérance elles ne sont pas compatibles avec l'omniscience.

Les chrétiens ne peuvent pas non plus attribuer la foi et l'espérance au Christ en tant qu'homme ; nous n'avons en effet pas de raison de croire en sa revendication d'une autorité absolue dans son enseignement à moins qu'il ne sache qui il était et ce qu'il était, et qu'il ait prévu ses propres souffrances et sa gloire.

Soulever des doutes critiques au sujet de textes de l'Évangile est inutile : s'ils n'étaient pas fiables, le Christ ne serait plus qu'un personnage théorique ou conjectural – avoir foi en lui serait aussi absurde que d'avoir la foi en Socrate.

De plus, si le Christ simplement ne *savait* pas ce que ceux qui le suivent *croient* aujourd'hui, leur croyance serait stupide : de même s'il n'avait fait qu'avancer des opinions, et si c'était parce qu'il avait des convictions sans fondement qu'il avait adopté cette attitude d'autorité.

Je ne tente bien sûr pas de prouver ici que la foi et l'espérance dans le Christ sont justifiées, mais seulement de mettre en évidence une condition *sine qua non* pour qu'elles le soient.

La charité, la prudence et la justice sont des vertus qu'on peut attribuer à la nature divine. Mais s'agissant de la justice et de la prudence, cela dépend de l'idée d'un monde créé pour être prudemment régi et gouverné avec justice ; alors que charité ou amour sont simplement ce qu'est Dieu, de toute éternité, indépendamment de tout monde, fait ou à faire.

Dieu n'a pas besoin de personnes créées à aimer ; son amour n'est pas augmenté quand il pense à elles. À cet égard, Spinoza est d'accord avec les docteurs de l'Église.

Dieu est amour parce que Dieu n'est pas une personne solitaire. Il n'y a pas de raison de croire qu'il puisse *exister* une personne solitaire sans une Autre ; de plus, une personne solitaire ne pourrait pas aimer.

L'amour au sens chrétien n'est pas une extension aux autres de la préoccupation que chacun a pour soi ; d'un autre côté, il existe une attitude particulière à l'égard de soi (« la révérence à soi », dit McTaggart) qui naît du prix attribué au fait que chacun possède de l'amour – mais ce n'est pas, à proprement parler, de l'amour de soi-même.

Ces difficultés soulevées par McTaggart, comme celle de savoir comment une personne solitaire pourrait exister ou aimer, n'en sont pas pour des chrétiens orthodoxes ; dans la Sainte Trinité, chacune des trois personnes est un Autre, *alius*, pour les deux autres, et leur vie totale est amour.

Le terme « personne » n'est pas ici utilisé de façon équivoque ; c'est du fait des disputes sur la Trinité et l'Incarnation – et dans les Écritures, le Père et le Fils utilisent « toi » et « je » dans leurs échanges mutuels – qu'il est venu en usage dans son sens familier.

Dieu n'en vient pas à être trois Personnes ; Dieu est nécessairement une Trinité. C'est une confusion radicale de penser qu'être Un est un attribut divin.

Qu'il y ait seulement un Dieu exclut une multiplication corporelle ou une diversité d'intérêt comme entre des divinités multiples, mais rien de positif n'est alors attribué à Dieu.

Sur la base des œuvres de Dieu, le raisonnement naturel ne peut pas montrer combien il y a de Personnes divines ; tout en affirmant qu'il n'y a qu'une nature et vie divines, Aristote a laissé la question ouverte. La raison ne peut certainement pas montrer qu'une seule Personne divine solitaire est possible ; la révélation montre que Dieu n'est pas celui qui s'aime lui-même en solitude, et *donc* qu'il ne peut pas être ainsi.

Dieu fut en fait révélé comme un Dieu d'amour aux Israélites ; mais c'était parce que la prédestination de Dieu l'autorise à dire « Israël est mon Fils, mon Premier-né ».

Dieu nous aime pour l'amour de son Fils – qui comme homme est notre Frère ; notre charité doit être avant tout l'amour de Dieu ; cet amour de sa nature déborde en amour pour les frères du Christ.

Cela ne rend pas Dieu égoïste : dire de Dieu qu'il est égoïste ou généreux est inepte. Tout le bien reçu de Dieu est un don tout à fait gratuit et sans contrepartie ; mais Dieu *ne peut pas*, comme le devraient de bons parents humains, donner à ses créatures une capacité de vie indépendante et de bonheur.

La générosité n'est pas du tout, comme telle, une vertu. Le développement de soi peut cependant être vertueux, même s'il est peu probable qu'il bénéficie à d'autres hommes indirectement ; le sacrifice-de-soi pour une mauvaise cause peut être un simple vice, et l'amour mutuel de deux personnes peut les rendre plus mortes que vives par le mal spirituel qu'elles s'infligent. Même l'amour humain qui est bon peut ne l'être que pour un temps, comme les fleurs de printemps qui fanent.

Certaines des choses qu'on appelle « charité » sont, de la même façon, simplement mauvaises : donner aux nécessiteux par condescendance ou être stupidement complaisant à l'égard de la folie humaine ou de la méchanceté.

Mon cœur est-il si attaché à Dieu que je ne voudrais pas être séparé de lui pour avoir un bien ou pour éviter un mal ? Si c'est non, je n'ai pas la charité et je ne suis rien.

La charité à l'égard de Dieu requiert que l'esprit soit dirigé vers le vrai Dieu, non pas une fausse idole. Nous ne pouvons pas juger jusqu'à quel point cette vraie conception de Dieu doit être explicite. Nous avons à travailler pour écarter l'ignorance et l'erreur à son sujet ; pour le reste, « autant il a de puissance, autant il a de miséricorde »[1].

La charité chrétienne doit être l'amour des personnes individuelles, non pas une bonne volonté générale. Encourageons comme nous le pouvons l'amour de ces personnes, évitons la haine et la méchanceté ; dans la Gloire, il y aura l'éternité pour connaître et aimer ceux qui seront pour toujours nos amis parce qu'eux et nous, ensemble, seront avant tout les amis de Dieu.

---

1. *Si*, 2, 18. (N.d.T.)

CHAPITRE V : LA PRUDENCE

Jusqu'à quel point la prudence (*prudentia*, la sagesse pratique) est-elle une question d'obéissance à des lois ?

Je défends le « légalisme » – la doctrine que certains préceptes moraux ne peuvent *jamais* être enfreints. C'est une doctrine au sujet de ce qui est nécessaire, sans être suffisant, pour la vie bonne.

Les termes utilisés dans des préceptes moraux, par exemple « tuer », sont dépourvus d'une délimitation nette ; des difficultés pour appliquer une loi dans des cas marginaux ne fournissent pas de raison pour agir contre la loi quand le cas est univoque mais que les conséquences de l'obéissance apparaissent désastreuses.

L'amour ne dispense pas de l'obéissance. Si vous agissez de certaines façons c'est sans charité, quoi que vous ressentiez. L'amour « accomplit la Loi »[1] en ce que celui qui aime réellement le montrera en manifestant son obéissance à la Loi. « Qu'est-ce qui serait la chose réellement charitable à faire ? », peut être une question inutile et illusoire à se poser.

« Le plus grand bonheur du plus grand nombre » pose un problème que ceux qui aiment la formule ne remarquent pas : comparons avec « — a lu plus de livres dans plus de langues que n'importe quel professeur allemand », qui peut logiquement se présenter comme prédicable d'un professeur allemand même s'il y a un collègue grandement plus savant.

La formule incite à la sympathie envers les larges masses ; rejetez-là et vous vous signalez comme élitiste. Mais Dieu a sa propre élite ; il n'y a pas de raison de douter que dans cet âge mauvais la majorité des adultes responsables sont perdus, ou de croire que Dieu fait des lois pour le plus grand bonheur du plus grand nombre.

Si Dieu était utilitariste, nous ne pourrions pas compter sur sa fidélité et sur sa véracité ; il pourrait penser qu'une fausse

---

1. *Rm*, 13, 8 (N.d.T.).

révélation et une promesse rompue peuvent avoir des avantages. Des gens en sont venus en fait à croire que tous les enseignements des « grandes religions », aussi incompatibles soient-ils, sont des révélations divines et des moyens de salut ; ils montrent ainsi qu'ils croient que Dieu renie (même qu'il *a* renié) ses promesses.

Il est de toute façon incohérent de considérer Dieu comme œuvrant pour le mieux : il n'y a pas pour lui de meilleur pour lequel il puisse œuvrer.

Un homme doit-il opter pour l'action qui a les meilleures conséquences possibles ? Ce n'est pas une mesure à suivre, que nous acceptions l'indéterminisme ou le déterminisme.

Dans une conception indéterministe, les conséquences des possibilités multiples sont en principe imprévisibles, parce que d'autres agents libres vont constamment intervenir. Cela se confirme dans des exemples : Brutus se prononçant au sujet de César, un jeune homme se décidant au sujet d'une proposition de mariage. Les conséquences ne disparaissent pas comme des ondulations sur un étang.

Dans une conception déterministe, mon choix entre des possibilités dépendra des moindres facteurs passés, sur lesquels je ne peux pas délibérer et que je ne peux pas découvrir avant de décider ; puisque ces facteurs peuvent bien avoir des effets sur mon choix, de nouveau les conséquences des différentes possibilités seront encore de celles que je ne peux pas examiner avant de décider.

De plus, Lars Bergström a montré que la division du futur en alternatives de possibles est arbitraire, et dès lors présenter une alternative comme la meilleure l'est aussi.

L'utilitarisme n'est pas meilleur pour une organisation de grande échelle que pour des décisions individuelles. Le progrès scientifique et technologique nous rend en principe le futur imprédictible puisque nous ne pouvons partir que de ce qui a déjà été découvert et non de ce qui le sera. Imaginer que, à cet égard, les esprits supérieurs des ordinateurs feront ce que nous ne pouvons pas faire, est de la superstition.

Un acte doit certes être apprécié à la lumière de ses conséquences ; mais l'homme prudent n'essaiera pas de déterminer les conséquences jusqu'à l'infini ; il appliquera une procédure d'arrêt – et calculer qu'une possibilité conduit quelqu'un à faire des choses absolument interdites est déjà avoir atteint un point d'arrêt.

Moore a montré, sur des bases séculières, que certaines règles ne doivent jamais être brisées. Mais son argument serait ineffectif contre une tentation sévère ; pourquoi ne pas prendre un risque, comme cela peut s'avérer avoir été justifié ?

Cependant, si les règles de prudence sont dans notre esprit une promulgation de la Loi de Dieu, et que sa Providence gouverne toutes choses, nous ne devons pas craindre de créer, par obéissance, un monde de grand désordre ; et l'assentiment réel à la connaissance et à la puissance de Dieu, englobant tout, bannira l'espoir vain de *pouvoir*, par la désobéissance, nous assurer du bien et d'éviter le mal.

CHAPITRE VI : LA JUSTICE

La justice a plusieurs « parties » ou aspects : nous n'en considérons que certains.

La véracité et le respect de la promesse doivent être considérés séparément. On peut en fait montrer que si Dieu ne peut pas mentir, alors il ne peut pas non plus briser ses promesses ; mais qu'un homme s'abstienne totalement de mentir ne le ferait pas invariablement garder sa promesse.

La malice du mensonge ne tient pas à ce que certains hommes soient privés de la vérité à laquelle ils ont droit.

Notre habitude de dire des petits mensonges sans en avoir besoin corrompt notre sagesse pratique, de telle façon que, dans une situation d'urgence, nous ne voyons pas d'autre façon de nous en sortir sans mentir ; cela peut en fait être la moins mauvaise façon de faire qu'il nous soit donné d'entrevoir, mais nous devrions être honteux s'il en est ainsi.

Mentir facilement devient une seconde nature, et ainsi nous ne savons même plus que nous mentons; le mal du mensonge tient à ce qu'il empêche notre âme de voir et de refléter la Vivante Vérité.

La vie du monde ne peut pas se dérouler sans mensonge ou en gardant les mains propres, peut-être; mais en vivant cette vie-là vous n'avez que les récompenses du monde, et non la bénédiction divine.

Les saints ont su être rusés afin, dans les situations urgentes, d'éviter les mensonges. La répulsion souvent exprimée à l'égard d'histoires de cette sorte est de la foutaise pharisienne – elle vient de philosophes moraux toujours prêts à signaler des circonstances dans lesquelles l'acte le plus effrayant serait un devoir.

Un homme qui en cas de besoin urgent sera équivoque, mais ne mentira pas, n'a pas forcément un caractère fuyant, si on le compare à un fieffé menteur. Mentir par le silence est possible, mais une accusation de mensonge de cette sorte ne doit pas être faite trop facilement. Un acte qui n'est pas un signe conventionnel ne peut pas être un mensonge, même s'il produit une certaine mauvaise impression. Le concept de « mentir par le silence » et celui de « proférer un mensonge » ont été beaucoup utilisés pour intimider des enfants apeurés, et ils ne doivent pas effrayer des hommes devenus grands.

Les promesses ne doivent pas être faites en disant « je promets », ou quelque chose de ce genre; « je promets » trouve sa force en devenant un substitut pour le simple « je veux », dans les cas où l'autre personne pourrait dire à mon sujet : « il a promis ».

Qu'est-ce que promettre ajoute à des expressions sincères d'intention, en plus et au-dessus ? Pourquoi un homme qui a sincèrement annoncé son intention ne trouverait-il pas une bonne raison de changer d'idée ? De fait, il peut être accusé de rompre sa promesse, même s'il fait savoir à l'autre personne qu'il a changé ses plans : c'est-à-dire qu'il peut en être ainsi si l'autre est susceptible de dire : « Tu m'as laissé tomber » – s'il a donc, pour ainsi dire, construit un édifice coûteux sur des fondations pourries.

Selon cette conception concernant la façon dont celui qui promet contracte une obligation, il en est dégagé (1) si celui auquel il promet l'en libère, (2) si les choses sont telles que remplir la promesse nuira à celui auquel la promesse est faite, plutôt que de lui bénéficier, ou (3) si cela nuira à une tierce partie plus que la rupture de la promesse ne nuira à celui auquel elle a été faite. Parfois, les promesses doivent être rompues sans scrupule ni honte ; mais mentir est toujours honteux à un certain degré. Certains mensonges sont tout à fait exclus, quoi qu'il arrive : des mensonges qui nuiraient gravement à votre prochain, les fausses doctrines, le parjure et l'apostasie.

Des vœux ne peuvent pas cesser de lier, parce que leur rupture reviendrait à se détourner de Dieu ou à l'injurier ; les vœux sont pour notre bien – pour préserver les bonnes résolutions en transformant en un péché, grand et manifeste, le fait de ne pas les garder. On peut causer du tort aux morts, comme Aristote l'a montré, et donc les promesses aux morts peuvent nous lier ; mais dans le cas où il n'y aura pas de tort causé, même posthume, la promesse simplement tombe, même si celui auquel la promesse est faite ne peut plus en libérer quelqu'un.

Les contrats, ou promesses réciproques, imposent une obligation plus lourde que les promesses d'un seul côté. Les contrats obligent : la société civile est requise, comme Hobbes l'a montré, pour lier les hommes qui sont ainsi obligés, et elle les empêche de ne pas respecter leur parole.

L'autorité civile est fondée sur le besoin de justice des hommes : un gouvernement injuste n'est pas meilleur que ne l'est la protection fournie par des gangsters racketteurs. Nombreux sont les gouvernements actuels tout à fait injustes, et en acceptant leur protection un homme ne promet pas son soutien. La rébellion n'en est pas pour autant toujours justifiée, parce qu'elle peut entraîner une misère extrême ; mais parfois elle peut parfaitement réussir.

La justice dans une société civile exclut de multiples attitudes vicieuses :

1) l'orgueil, par lequel une classe d'hommes se prétend supérieure par nature à une autre classe – les Grecs à l'égard des barbares, les blancs à l'égard des noirs, les nobles à l'égard des hommes du commun, les maîtres à l'égard des esclaves ;

2) l'arrogance, par laquelle des hommes privent d'autres hommes de la jouissance libre des biens communs du monde, comme l'air et l'eau, ou leur interdisent l'usage de leur langue natale ;

3) l'acception des personnes dans les jugements ;

4) l'ingratitude (une accusation souvent faite, faussement, par des gouvernants injustes à l'encontre de leurs sujets) ;

5) la haine manifeste et le mépris ;

6) la cruauté et la vengeance dans la sanction. Aucun homme ne doit être puni pour le délit d'un autre.

Il n'y a pas d'obligation de justice d'obéir aux lois violant ces principes de justice (quoi qu'il serait imprudent d'ignorer l'existence *de facto* de telles lois) ; et certaines lois sont manifestement et notoirement injustes. Mais même si l'injustice est telle que le gouvernement est simplement du gangstérisme, la rébellion peut être injustifiée.

Les lois humaines n'ont de force que si elles sont « nourries par la loi divine », donnée à la fois par la nature et par la Révélation.

Je n'examine pas la « justice comme équité » entre les hommes. Dieu n'en a rien à faire, que ce soit maintenant ou par la suite, quand il s'agit de l'homme. Pour les « biens de la fortune » dans cette vie, Dieu est juste seulement comme celui qui s'assure honnêtement qu'une loterie est juste ; la bonne fortune n'est ni équitable ni donnée en fonction du mérite. Il n'y a pas de raison de croire que des hommes ont un partage équitable de grâce et de gloire (et ne serait-ce qu'une égale chance d'avoir l'une et l'autre). Il suffit que tout homme ait une vraie chance, dont il n'est privé que par lui-même, d'atteindre un bien inestimable.

Chapitre VII : La tempérance

La tempérance est une affaire de sens commun : n'être jamais distrait des grandes fins par des plaisirs de court terme, sans non plus se nuire à soi-même par une abstinence excessive.

Les grandes austérités des saints sont défendables si nous croyons certains dogmes au sujet de la Communauté des saints, et s'agissant de nécessaires protections contre des ennemis mortels invisibles.

L'ascétisme est un vice s'il conduit, par exemple, à la mutilation, à l'aveuglement ou à la folie.

La gloutonnerie a diverses formes, outre le simple excès, par exemple l'extravagance et la maniaquerie. Un glouton n'est pas forcément gravement vicieux ; quoique la gloutonnerie peut aisément conduire à la paresse, à l'impudicité, à l'injustice et au manque de charité.

L'alcool réduit la vigilance ; or, c'est parfois un devoir d'être vigilant ; mais il n'existe pas de devoir d'être aussi alerte que possible tout le temps ou aussi longtemps que possible. C'est la même chose pour la consommation de *cannabis*.

Les drogues qui entraînent une folie passagère sont détestables, comme le sont les pratiques hallucinatoires – reposant sur des exercices de respiration et sur la récitation de phrases dépourvues de sens. Il est faux qu'elles ne perturbent que les sens et non pas l'intellect. Les comportements apparemment insensés des prophètes de l'Ancien Testament leur étaient imposés par Dieu : ils ne les adoptaient pas en cherchant à faire des expériences.

La chasteté n'est pas un simple aspect de la tempérance. L'appétit sexuel est unique parmi les appétits parce qu'il peut produire de nouveaux individus. On est plus aisément conduit à imputer de grands péchés et de grands vices à une personne du fait d'actes sexuels mauvais que pour des actes de gloutonnerie ou d'alcoolisme.

Tout usage des organes sexuels ne se conformant pas à leurs finalités internes est-il mauvais ? Une réponse positive semble contraire à la tolérance traditionnelle des relations entre des personnes qui ne sont en mesure de générer une nouvelle vie, en raison d'une grossesse, de la stérilité ou du moment de l'acte.

De plus, l'argument de la finalité du processus génératif semble vicié par une confusion au sujet du terme « fin » ; nous ne sommes pas obligés de ne poursuivre comme fins que ces seuls buts inscrits dans les téléologies de l'organisme humain.

Cependant, l'enseignement de l'Église chrétienne contre les païens, en matière d'impudicité, est une tradition claire et continue ; il n'y a rien d'insensé de se fier à cette tradition, même si récemment elle a été défendue par des arguments qui sont clairement mauvais.

La prohibition du suicide est aussi une tradition claire et continue ; elle est maintenant attaquée par beaucoup de ces mêmes gens qui détestent l'enseignement de l'Église au sujet de la chasteté, et elle est défendue hélas de la même façon : avec des très mauvais arguments.

Notre moralité doit être appropriée à notre situation actuelle. Le fait le plus pertinent de notre situation, s'agissant de l'impudicité et du suicide, est la corruption de notre volonté par le péché originel. Schopenhauer eut raison de voir le suicide comme l'auto-affirmation suprême de la volonté mauvaise contre la souffrance et la malchance, qui pourraient agir comme le bistouri du chirurgien pour couper le mal.

La sexualité humaine, dans l'état présent de l'homme, est le moyen de transmettre le péché originel, qui infecte donc spéciale-ment les pouvoirs génératifs et les appétits de l'homme. Sans aide divine spéciale, toute indulgence sexuelle est une plongée dans le courant nous emportant vers le mal – un courant trop fort pour nager en sens contraire.

Selon la croyance chrétienne, Dieu a donné le grand bien du mariage comme un remède particulier contre le premier péché ; la grandeur de ce bien est manifeste même à part de la tradition judéo-chrétienne.

Le sexe en dehors du mariage est un poison. Sa perversité obsessionnelle et multiple n'est pas une retombée du passé animal, mais une déformation de l'appétit par un vieux péché. La cruauté et la luxure sont deux expressions de la volonté mauvaise.

Le mariage est un grand bien mais non pas le meilleur ; c'est la virginité consacrée qui l'est. Les fortunes de la vie peuvent requérir une chasteté héroïque, même des époux : « Soyez parfaits ! »

Chapitre VIII : Le courage

Le courage est ce dont nous avons tous besoin finalement – et dont nous avons besoin dans le cours ordinaire de la vie : les femmes qui ont un enfant, nous tous parce que nos corps sont vulnérables, les mineurs, les pêcheurs, les ouvriers de l'acier et les conducteurs de camion. Le courage ne doit pas être considéré comme une vertu militaire avant tout.

Le courage n'est pas simplement un idéal à admirer ; nous ne savons jamais quand il sera absolument exigé de nous, l'autre possibilité étant l'infamie. Chacun de nous est un héros au sens grec, un enfant de Dieu ; nous devons être prêts pour un appel à de grandes choses et confiants que Dieu nous donnera la force dont nous aurons besoin.

Un homme ne se trouvera jamais, sans une faute de sa part, pris dans un dilemme sans aucune issue honorable ; il n'y a aucune technique qui puisse laisser un homme choisir en garantissant son choix – une telle technique ne peut être décrite sans contradiction.

Croire qu'un homme *peut* éviter un choix forcé entre un péché et un autre péché repose sur une conception de la Providence qui modifie ce que l'on attend réellement de l'avenir. Qu'on *doive* éviter de tels dilemmes en gardant les mains propres serait considéré par certains comme contraire à une conception « incarnée » de la vie ; mais ce n'est pas ce que le Christ nous a appris.

Le courage des martyrs ne doit pas être déprécié, parce qu'ils ont en vue une récompense dans le ciel ; cela n'a rien de facile de s'accrocher à la foi pour faire face à la privation, la torture et la mort ; certains martyrs se sont montrés résolus même contre la peur qu'ils puissent, à la toute fin, désespérer, et ainsi mourir en vain.

Mourir pour la vérité et la justice, c'est mourir pour Dieu en mourant pour la foi ; et la foi de certains ne doit être connue que de Dieu. Mais la foi ne peut être garante de la fausseté : mourir inébranlablement pour ce qui est faux, ce n'est pas du martyr.

Quand la cause est sans valeur, le courage n'est pas une vertu ; quand la cause est mauvaise, encore moins. En fait, je préfère ne pas parler de « courage » au sujet de cette façon dépourvue de vertu de faire face au danger. Dès lors, il n'y a pas de courage sans d'autres vertus morales : en particulier il n'y en a pas sans prudence. La voie la plus brave est souvent la plus sage, mais peut-être faut-il un homme brave pour s'en rendre compte.

À l'inverse, toute attribution d'une vertu morale peut être remise en question par une preuve de lâcheté.

Est-il alors vrai en général que toutes les vertus s'impliquent les unes les autres ? Ce serait triste si c'était le cas : si tout vice manifeste dans un homme montrait que toutes ses autres vertus apparentes étaient des simulacres. Mais heureusement il n'y a pas de raison de le croire.

Certains l'ont cru trop facilement, en considérant comme vertueux le travail acharné d'un artiste ou d'un homme de science, par exemple.

L'argument classique en faveur de l'unité des vertus est le suivant : les habitudes d'action corrompues, dans tout domaine, détruisent l'habitude de prudence ; mais sans prudence comme régulateur aucun comportement habituel n'est véritablement vertueux ; donc, la perte ou le manque de tout comportement vertueux est fatale à la fois à la prudence et à toutes les autres vertus de comportement.

Le défaut dans l'argument est que le jugement pratique non fondé dans un domaine, bien qu'il fasse courir un risque de désordre dans tous les jugements pratiques d'un homme, ne produit pas nécessairement du désordre en eux, du fait de l'inconsistance humaine.

L'inconsistance n'est guère un mal que si elle nous fait juger faussement s'agissant de questions qui ne sont pas d'ordre logique. Un homme qui admet errer parfois montre ainsi que son corpus entier de jugements est inconsistant ; mais sa modestie lui évite ainsi d'encourir une pire sorte d'erreur : la fausseté logique. L'inconsistance bien placée nous sauve d'erreurs pires que si nous avons été consistants.

C'est ainsi que la Providence utilise une faute humaine pour amoindrir une pire encore ou la prévenir. De la même façon, la paresse, l'incompétence et la vénalité peuvent sauver un homme de l'efficacité dans d'autres activités mauvaises, et elles sauvent ses victimes de souffrir autant que cela eût été le cas s'il s'était montré travailleur, compétent et incorruptible.

Un homme dont la fin est le gain financier n'est pas vertueux parce qu'il planifie intelligemment, affronte des dangers, méprise les plaisirs et respecte ses promesses (l'honnêteté étant la meilleure attitude) : sa prudence, son courage, sa tempérance, sa chasteté, sa justice ne sont que des simulacres. Mais la vertu d'un vieux romain se préoccupant de la République ne devrait donc pas être considérée comme seulement fausse.

Mais toutes les vertus sont finalement vaines sans la foi, l'espérance et la charité. Car le péché originel ne peut être vaincu que par ces seules vertus. Un homme sans ces vertus peut éviter des péchés individuels (et il est comptable s'il n'en fait rien), mais il ne peut, de façon consistante, éviter de grands péchés.

Les vertus de comportement peuvent être des biens véritables, quoique limités, en l'absence de charité ; celle-ci est absente si toute vertu de comportement fait défaut.

La foi peut subsister quand la charité est temporairement perdue – elle est une racine à partir de laquelle la charité peut repousser et porter du fruit. Mais on ne peut pas s'attendre à ce regain de charité à moins que l'espérance ne subsiste aussi bien que la foi ; le désespoir et la présomption sont des « péchés contre le Saint-Esprit ».

La charité est ce pour quoi les hommes sont faits : aimer Dieu et être ses amis pour toujours. Mais nous ne savons pas quels maux nous allons devoir affronter avant cette fruition ; et pour les affronter nous aurons besoin de courage.

Chapitre premier

POURQUOI LES HOMMES ONT BESOIN DES VERTUS

Dans le titre de ce livre, l'article défini est significatif. Mon problème est de savoir pourquoi les hommes ont besoin des sept vertus auxquelles la tradition a donné la prééminence : les vertus théologales, d'espérance, de foi et de charité, et les vertus cardinales, de prudence, de tempérance, de justice et de courage. J'accepte la thèse que toutes *sont* bien des vertus ; je montrerai qu'on ne peut rationnellement douter de cette thèse, au moins s'agissant des quatre vertus cardinales. Que la foi et l'espérance, dans le sens théologique donné à ces mots, soient des vertus dépend bien sûr d'une conception théologique que d'aucuns contestent ; je ne tenterai pas de *démontrer* qu'il s'agit de vertus dont l'homme a besoin, mais je tâcherai de montrer quelle sorte de disposition est attribuée à un homme quand nous le disons avoir la foi ou l'espérance ; je veux montrer aussi quelle sorte de conception générale de l'homme permet d'en parler comme de vertus. Il serait plus facile, me semble-t-il, de parvenir à justifier la thèse que la charité ou l'amour sont des vertus, mais je pourrais y parvenir seulement en trichant, en exploitant des ambiguïtés. « Charité » et « amour » sont en effet des mots utilisés habituellement pour des qualités fort différentes de la vertu théologique de charité – en fait ces mots signifient souvent des qualités qui, dans mon livre, ne sont en rien des vertus.

Pendant longtemps, pour des raisons que je n'ai pas besoin de discuter, les philosophes, dans le domaine moral, ont négligé les vertus ; Philippa Foot a récemment fait ce que je tiens pour un pas dans la bonne direction en parlant des vertus plutôt que de la bonté en général[1]. Ce qui n'a naturellement pas rencontré un accord général. Hare, par exemple, a protesté ; pour lui, c'est une bonne chose « de devenir soupçonneux quand un philosophe, dans le domaine de la morale, cherche à nous persuader que, au profit du concret, nous devrions négliger l'étude de mots comme "bon", et nous concentrer sur des mots comme "industrieux" et "courageux". L'objet d'une telle manœuvre pourrait être de nous convaincre que la signification descriptive de *tous* les termes moraux leur est immuablement attachée ; mais, heureusement pour l'utilité du langage moral s'agissant d'exprimer des critères changeants, les choses ne sont pas ainsi ». Plus loin, Hare dit : « Cette conception suffirait dans le langage d'une société irrémédiablement close au sein de laquelle un changement de critères moraux est impensable ; mais cela ne rend pas justice au langage moral d'une société comme la nôtre, dans laquelle il arrive que certains réfléchissent aux questions morales ultimes, une société dans laquelle dès lors la moralité change. La *novlangue* d'Orwell dans *1984* est un langage ainsi fait

---

1. Voir P. Foot, « Morality as a System of Hypothetical Imperatives », *Philosophical Review* vol. 81, n°3, 1972 ; « Moral Beliefs », *Proceedings of the Aristotelian Society,* vol. 59, n°1, 1958-1959 (trad. fr. « Les croyances morales », dans A. C. Zielinska (dir.), *Textes clés de méta-éthique*, Paris, Vrin, 2012) ; « Goodness and Choice », *Aristotelian Society Supplementary Volumes,* vol. 35, n°1, 1961.

que les pensées dangereuses ne peuvent pas y être exprimées. Pour une bonne part, c'est aussi la même chose pour la *vieillelangue* – si nous voulons dans les États du sud (des États-Unis d'Amérique) parler d'un noir comme d'un égal, nous ne pouvons le faire en parlant de lui comme d'un nègre ; le mot "nègre" comprend les critères de la société, et si nous nous limitions à ceux-ci, nous ne pourrions pas nous en libérer » [1]. Ce n'est pas pour rien qu'est faite la comparaison entre des gens qui sont fermement attachés à l'usage du terme « courageux » comme terme de louange et ceux qui sont fermement attachés à l'usage de « nègre » comme terme de mépris : Hare y revient *prudens* et *sciens* dans un passage trop long pour être cité [2].

De telles idées sont dans l'air de notre société pluraliste ; et Hare est seulement un cas typique de ces philosophes qui – dans un sens très différent de l'usage que l'Évangile fait de cette expression – ne sont pas venus dans le monde pour le juger [3]. Remarquons bien ce qui est alors suggéré : parce que « certains quelquefois réfléchissent aux questions morales ultimes », la moralité, s'agissant de questions comme celle de savoir si le courage doit être reconnu comme une vertu, est supposée changer. C'est comme si le fait d'avoir des convictions fermes et stables à cet égard signifiait l'absence de toute réflexion ; et c'est donc comme si Aristote et saint Thomas étaient des cas exemplaires de faux penseurs. On ne connaît que trop bien ce genre de propos. Certes, que ce soit une bonne chose pour les gens que leurs idées sur des questions morales changent, « comme si nos critères ne servaient à rien d'autre, sinon à être

1. R. M. Hare, *Freedom and Reason*, London, Oxford University Press, 1963, p. 25.
2. *Ibid.*, p. 187-191.
3. Geach fait une allusion à *Jean* 3, 18 (N.d.T.).

modifiés » [1], tient à ce que les idées de départ sont bonnes ou mauvaises ; si donc une approbation n'est pas fermement associée à l'épithète « courageux », elle ne devra certainement pas être fermement associée au qualificatif « pionnier de la moralité » ou « réformateur moral ».

De fait, apparemment Hare souhaite seulement déprécier la valeur du courage, tout au moins de « ce qu'on appelle le courage "physique" ». Il pense que ce serait une « affirmation hasardeuse » de dire que cette qualité morale est « dans l'ensemble liée à la réalisation de l'être humain » ; au contraire, » dans l'état présent de la science militaire », posséder du courage pourrait n'être pas réellement nécessaire ou désirable [2]. Cette emphase sur des exemples militaires de courage [3] peut provenir de cette fixation, typique d'Oxford, sur l'*Éthique à Nicomaque*. Mais même si nous nous limitons aux exemples militaires, la thèse de Hare est passablement absurde. C'est comme s'il défendait sérieusement les critères du Topsyturveydom de Gilbert dans les *Bad Ballads* [4] :

> Là où le vice est une vertu – la vertu est un vice.

et ainsi, par exemple,

> C'est toujours en montrant du courage, qu'un soldat,
> À moins d'une chance incroyable, essuie des tirs :
> Tant qu'il s'en trouve d'autres, en face,
> Pour courageusement lui tirer dessus.

1. Geach paraphrase en le modifiant un vers du poète Samuel Butler (XVIIᵉ siècle). Le passage de Butler dit : « As if Religion were intended/ For nothing else but to be mended » (*Hudibras*, Part I, Chant I, 205). Geach passe de la religion aux critères (N.d.T.).

2. R. M. Hare, *Freedom and Reason*, *op. cit.*, p. 149.

3. Voir aussi *ibid.*, p. 187.

4. Geach parle d'un poème de W. S. Gilbert, qui deviendra une opérette dans les années 1870 (N.d.T.).

Mais je ne vois néanmoins pas de raison de croire que le courage physique n'a pas d'utilité pour un soldat; et une dose même faible d'un tel courage est indispensable dans la vie civile – disons pour faire de la bicyclette dans les rues d'une ville.

Je ne peux saisir aucun enchaînement logique obligeant à penser qu'un homme pour lequel « courage » est à juste titre et clairement un terme de louange doit penser que « nègre » est à juste titre utilisé pour exprimer le mépris. Hare met-il alors simplement l'homme saluant le courage et l'homme qui méprise les noirs côte à côte sur le banc des accusés, en tentant d'obtenir un verdict de culpabilité à l'encontre des deux ? Apparemment, non. Il place dans la bouche des « naturalistes d'aujourd'hui » un argument selon lequel l'évaluation accompagnant normalement « courageux » est liée à la signification du mot. Contre tout « naturaliste » faisant usage d'un tel argument, Hare pourrait être capable de justifier *ad hominem*, qu'on ne peut dès lors « logiquement » que mépriser un noir sur le fondement de l'évaluation faite du mot « nègre »[1]. Mais quand je dis que le courage est clairement et certainement une vertu, je ne prétends pas que c'est vrai en raison de la signification du mot « courage »; dès lors, Hare ne peut trouver aucune base sur laquelle me faire quitter ma position pour aller sur celle que j'abhorre.

En réalité, je ne dirais d'aucune proposition – à la seule exception d'une proposition portant explicitement sur la signification des mots – qu'elle est vraie « en vertu de ce que les mots employés signifient » : je trouve que cette manière de parler est philosophiquement à peu près inutile. Je vais faire une courte digression, quittant mon sujet

---

1. R. M. Hare, *Freedom and Reason, op. cit.*, p. 188.

principal, afin d'expliquer pourquoi : pousser les ordures en dehors du chemin, cela fait beaucoup pour la bonne marche du discours philosophique en général, et ce n'est certainement pas une tâche superflue en philosophie morale.

La remarque la plus grossièrement empirique peut évidemment devoir sa vérité à la signification des mots. Imaginons un gentleman anglais chevaleresque témoignant devant une cour à New York au sujet de son ami accusé d'un homicide involontaire perpétré à l'aide d'une voiture. « Tout à fait », répond-il à une question de l'avocat, « le piéton se tenait bien sur le *pavement* et ne faisait attention à rien quand la voiture l'a heurté » : ainsi son ami est acquitté sur la base du témoignage d'un homme honorable. S'agissant de la vérité de ce qui est dit, cela fait ici toute la différence si « *pavement* » est pris dans son sens anglais ou américain : l'anglais « pavement » = l'américain « sidewalk » (trottoir), l'américain « pavement » = l'anglais « roadway » (chaussée). Bien sûr *une telle façon* d'être vrai pour ce qui l'est (ou d'être faux) « en vertu de ce que des mots signifient » n'est pas ce que *veulent* dire ceux qui utilisent cette formule dans un cadre philosophique. Ils veulent avoir des échantillons purs, dans lesquels la signification des mots utilisés est la *seule* source de la vérité de ce qui est dit. C'est exactement ce que je considère comme une conception peu claire et inutilisable.

S'agissant de cette question, certains exemples sont rebattus : l'un d'eux est « Tout père est mâle ». Ce que Quine a appelé la thèse de sempaternité est un exemple similaire : « Une fois père, toujours père », ou en développant un peu : « Si A se trouve être le père de B, A le reste aussi longtemps que A et B sont vivants ». L'un ou l'autre exemple peut aisément être présenté comme un spécimen de vérité en vertu de la signification des mots.

Mais si dans les deux cas c'est vrai – sans même dire que ça l'est en vertu de la signification des mots – alors c'est vrai aussi que A étant le père de B, il ne peut pas cesser d'être mâle pour, aussi longtemps que B est vivant, devenir femelle ; or, en tant que proposition générale de la biologie, c'est certainement faux, puisque sa vérité est en question, même s'agissant des êtres humains et, quoi qu'il en soit, ce n'est pas vrai en vertu de la signification des mots utilisés.

Ce ne sont pas des exemples que j'oppose gratuitement aux défenseurs d'une distinction stricte entre analytique et synthétique. Souvent, ils utilisent spontanément l'une ou l'autre prémisse de mon argument paradoxal comme exemple, bon et clair, de vérité en vertu de la signification ; ainsi, plusieurs fois, quand l'occasion s'est présentée, j'ai provoqué l'étonnement et l'indignation en produisant mon argument. Il y a bien sûr de multiples échappatoires. On peut rejeter l'une des prémisses parce qu'elle serait fausse : la considérer vraie mais seulement synthétiquement serait inutile, parce que si on accepte cela, et si les deux prémisses sont *vraies*, que ce soit en vertu de la signification ou non, alors la conclusion s'ensuit – or, la conclusion est fausse. Mais si on adopte cette voie, alors ce qui est intuitivement vrai en vertu de la signification des mots ne peut pas même être vrai. Ou encore, on pourrait dire que les deux prémisses sont vraies, et qu'elles le sont en vertu de la signification des mots, mais que le terme « père » ne signifie pas la même chose dans les deux. De nouveau, cela montre que nos intuitions au sujet de la vérité en vertu de la signification sont complètement dépourvues de fiabilité, même dans des cas simples ; on peut en effet parier que, sans mon paradoxe, la suggestion qu'il convient de lever l'ambiguïté de « père » n'aurait pas été faite – du moins, par votre philosophe moyen. (Un biologiste ne pourrait bien sûr jamais tomber dans un piège de cette sorte : par sa profession il a conscience que des termes familiers comme « père », « mâle », etc., sont inadéquats pour saisir les complexités du monde vivant.) Si dans un tel cas simple, un changement dans la signification d'un terme concret peut ne pas être remarqué, on ne peut accorder que bien peu de confiance aux prétentions de parvenir à quelque chose de « vrai en vertu de la signification ». Je n'ai pas besoin de me limiter seulement à ces exemples ; vous pouvez en trouver plein d'autres dans la littérature – par exemple dans la célèbre série d'articles sur « l'analytique et le synthétique » par Waismann [1].

Je me suis écarté de la question des vertus, mais pas de ce qui importe en philosophie morale. De nombreux philosophes de la morale ont investi beaucoup de leur capital intellectuel dans des théories sémiotiques douteuses, non fondées et surévaluées ; c'est vrai en particulier pour celles qui font appel à de supposées différences entre des sortes de signification entre les termes. J'ai comparé le rôle du logicien en philosophie à celui du comptable ; l'évaluation réaliste des investissements faits dans la distinction entre analytique et synthétique montrerait de quelle banqueroute intellectuelle plus d'un philosophe de la morale est victime, même parmi les plus réputés.

Revenons alors à ma question principale. Je ne suis pas prêt à considérer comme une thèse à réviser la caractérisation de la prudence, de la justice, de la tempérance et du courage comme des vertus ; mais je ne suis pas prêt non plus à dire que cela serait « vrai par définition » ou

---

1. Ils sont maintenant repris dans F. Waismann, *How I see Philosophy*, London, Macmillan, 1968.

« vrai en vertu de la signification des mots », ou à dire que je suis conduit, par parité dans le raisonnement, à accepter des termes racialistes de mépris dans mon vocabulaire.

Pourquoi les hommes ont-ils besoin des vertus ? Dans le passé, j'ai déjà fait deux propositions dans cette direction générale : l'une dans mon article « *Good and Evil* » [1] (« Bon et mauvais ») l'autre dans « La loi morale et la loi de Dieu », ce dernier repris dans *God and the Soul* [2]. J'affirmais que cela n'a pas de sens d'en appeler au Sens du devoir à partir d'une Inclination. Un homme peut bien *sentir* qu'il *doit* faire quelque chose, sans se demander pourquoi, ou au contraire qu'il *doit* éviter quelque chose : mais il est notoire que de tels sentiments peuvent être provoqués par des traumatismes de l'enfance, ou ils peuvent suivre ou s'opposer à ce qui a été déterminé par l'éducation ; pour autant qu'un homme soit contraint par des telles inhibitions, il n'est pas un agent rationnel. Cela peut être le *salus rei publicae* que de nombreux hommes puissent ainsi être contraints de façon irrationnelle, aussi longtemps que ce qu'ils évitent de faire est mauvais : comme le dit Spinoza, *terret vulgus nisi terretur* [3] – et sans doute seraient-ils nombreux à immédiatement mal se comporter s'ils perdaient leurs inhibitions irrationnelles. Je ne vais pas discuter les moyens d'essayer de rendre les hommes plus rationnels : mais ce que dit le Christ au sujet des perles données aux cochons suggère que, s'agissant de prêcher l'Évangile,

1. Voir P. Geach, « Good and Evil », *Analysis*, vol. 17, n°2, 1956 (N.d.T.).

2. Voir P. Geach, *God and the Soul*, London, Routledge-Kegan Paul, 1969 (N.d.T.).

3. Spinoza, *L'Éthique*, IV, Prop. 54, scolie, trad. fr. B. Pautrat, Paris, Points-Seuil, p. 442, « *Terret vulgus, nisi mutuat* » : « Si la masse ne craint pas, elle terrorise ».

plus encore de prêcher la rationalité, on doit observer une certaine prudence dans le choix de l'auditoire.

Ce que Kant dit au sujet de l'intrépidité, je le dis au sujet de la conscience : celle d'un scélérat comme Himmler – son triomphe sur ses propres sentiments afin de faire des choses monstrueuses – le rend seulement plus détestable. Je n'ai pas de raison de penser que Kant serait là en désaccord, car quelqu'un qui a la Bonne Volonté kantienne n'est pas seulement consciencieux mais *juste*. Ou encore : peu de lecteurs de *Huckleberry Finn* ne se réjouiraient pas en imaginant comment, chez Huck, l'Inclination décente d'aider le jeune nègre fugitif Jim en vient à déborder le Sens du devoir qui lui dit, en le harcelant, de cesser de l'aider et de le laisser tomber. Une considération rationnelle qui se propose à un agent doit, je l'ai dit, avoir un lien avec ses Inclinations. Cela signifie-t-il qu'en répondant à la question de savoir pourquoi les hommes ont besoin des vertus j'ai à montrer que chaque homme a un intérêt à être ainsi vertueux, ou au moins à l'être parce que ce serait la meilleure manière d'obtenir un gain rationnellement estimable ? Pas du tout. Normalement, un homme ne veut pas seulement quelque chose pour lui-même ; et je n'ai jamais voulu dire qu'une pratique, pour se montrer rationnelle, doit être justifiée comme ce que veut un homme pour lui-même.

Pour autant, je n'ai rien à retirer de mes articles précédents, même si je n'ai pas été capable, au sujet des Inclinations, de faire une distinction importante. Celle-ci, dont je dois admettre l'avoir ratée, passe entre deux sens qu'il convient de donner au souhait ou à l'inclination : le « désir » et le « besoin ». À cet égard, je fais amende honorable : c'est la raison pour laquelle j'ai utilisé « besoin » dans mon titre. Si l'on rejette le sens de « doit » en termes de Sens du devoir comme une explication possible de ce mot, besoin est une notion téléologique : ce qui nécessaire pour atteindre une fin.

Nous sommes accoutumés au type de raisonnement qui part d'un certain but ou d'une orientation déterminée, en les considérant comme des prémisses, et qui, étape après étape, en vient à inférer les moyens de s'assurer du but, de poursuivre cette orientation. La structure logique d'un tel raisonnement, et sa relation avec la structure d'un raisonnement propositionnel déductif, ne fait cependant pas l'objet d'un plein accord, mais nous pouvons raisonnablement espérer que l'affaire sera éclaircie. La doctrine aristotélicienne de la téléologie est la suivante : si nous parlons comme si la Nature avait des fins ou des orientations, nous pouvons penser ce qui arrive dans le monde en construisant des raisonnements formellement parallèles aux pratiques humaines de délibération. Comme la plupart des exemples donnés par Aristote s'avèrent erronés du fait d'une connaissance inadéquate de la nature, sa doctrine a été écartée dans une large mesure. Pour autant, je pense qu'elle peut être fermement défendue, et les attaques habituelles dont elle fait l'objet sont entièrement dépourvues de valeur.

Il devrait être clair qu'une explication téléologique aristotélicienne, telle que je l'ai présentée, ne suppose pas quelque chose comme un désir chez des agents naturels inanimés ni une sorte de stratagème du Dieu Tout-Puissant disposant des moyens en vue de fins. Les plaisanteries de Hobbes au sujet d'une vitre qui, si elle savait ce qui arriverait, resterait sur la fenêtre plutôt que de tomber dans la rue, pouvaient certes concerner la doctrine de ses contemporains, mais en rien celle d'Aristote.

Nous pouvons également examiner l'idée qu'une explication téléologique de cette sorte implique l'adaptation
divine des moyens aux fins de Dieu. Par sa volonté libre
et illimitée, Dieu produit un univers dans lequel des schèmes
d'explication téléologiques fonctionnent réellement. Mais
Dieu n'a pas besoin de réaliser la fin formulée dans la
première prémisse d'un tel schème, parce qu'il est parfait
et immuable, ou il n'a pas besoin d'utiliser des moyens en
vue d'une fin ; le mode de reproduction d'êtres vivants est
manifestement téléologique, mais Dieu a autant d'insectes,
d'éléphants ou de chênes qu'il le veut simplement en les
rêvant, sans aucun mécanisme reproductif, parce qu'il est
le Créateur Tout-puissant. Le rôle joué par l'explication
téléologique n'est pas à rajouter au corpus de la théologie
naturelle.

Les explications téléologiques ne sont pas non plus
vides ou scientifiquement inutiles. Souvent, elles ont une
valeur heuristique en biologie ; très récemment, J. Z. Young[1]
a expliqué le rôle réel de la glande humaine pinéale en
faisant l'affirmation heuristique qu'il n'y en aurait pas
(l'« évolution » ne l'aurait pas « laissé » survivre !) si elle
n'avait pas de fonction.

Finalement, la téléologie n'est pas franchement incompatible avec le mécanisme. Une horloge vieux modèle est
un paradigme de ce qui à la fois s'explique à la Newton,
par des causes efficientes et, aussi bien, en disant ce pourquoi elle est faite – donner l'heure – et de quelle façon des
éléments s'agencent à cette fin. Cela serait encore vrai
s'agissant d'une horloge que, sans nous y attendre, nous
trouverions à l'arrivée, sur Mars, dans le désert de sable ;
nous n'avons pas besoin d'information ou de faire une

---

1. L'un des grands biologistes du XXᵉ siècle (N.d.T.).

conjecture au sujet de l'existence et de la nature des Martiens afin de nous convaincre que l'horloge est un mécanisme complexe qui peut, *de facto*, être descriptible en élaborant une analyse téléologique de sa structure et de ses mouvements.

Même dans les objets naturels inanimés qui ne prennent pas la forme de machines, la téléologie ne peut être exclue des conceptions scientifiques relatives à leur fonctionnement ; je cite cependant *La science et l'hypothèse*, de Poincaré :

> L'énoncé même du principe de moindre action a quelque chose de choquant pour l'esprit. Pour se rendre d'un point à un autre, une molécule matérielle, soustraite à l'action de toute force, mais assujettie à se mouvoir sur une surface, prendra la ligne géodésique, c'est-à-dire le chemin le plus court.
>
> Cette molécule semble connaître le point où on veut la mener, prévoir le temps qu'elle mettra à l'atteindre en suivant tel et tel chemin, et choisir ensuite le chemin le plus convenable. L'énoncé nous la présente pour ainsi dire comme un être animé et libre. Il est clair qu'il vaudrait mieux le remplacer par un énoncé moins choquant, et où, comme diraient les philosophes, les causes finales ne sembleraient pas se substituer aux causes efficientes. [1]

La surprise et l'interrogation de Poincaré sont assez inappropriées. Il est en fait des plus naturels de présenter un raisonnement en termes du principe de moindre action sous cette forme téléologique, avec des prémisses comme « La particule va passer du point A au moment t1 au point B

---

1. H. Poincaré, *La science et l'hypothèse* [1902], Paris, Flammarion, 1968, p. 143-144.

au moment t2 » et « De tous les chemins qui mènent de A à B, c'est celui où l'action est moindre qui sera suivi » ; et comme nous l'avons vu, un tel style de présentation n'implique pas un animisme grossier ou un déisme simplet faisant de Dieu un ingénieur. Ce n'est pas le seul cas dans lequel une présentation téléologique est naturelle et bienvenue. Les raisonnements faits selon le principe de Le Chatelier s'agissant du comportement d'un système en équilibre sujet à une nouvelle contrainte, et agissant alors comme *en vue de* restaurer l'équilibre, prennent aussi naturellement une forme téléologique. Si mes connaissances en physique étaient plus grandes, je pourrais multiplier les exemples.

J'affirme alors que cette façon téléologique de penser, conduite selon des principes essentiellement aristotéliciens mais sans sa science naturelle obsolète, est intellectuellement respectable. Dans cette façon de penser, il est parfaitement sensé de demander : « Pour quoi les hommes sont-ils faits ? ». Ce n'est pas si facile de répondre même partiellement – pas aussi facile que lorsque nous demandons « Pour quoi les cœurs sont-ils faits ? », « Pour quoi les dents sont-elles faites ? » ; mais à mon sens Aristote a raison de rechercher une réponse – le succès rencontré s'agissant de comprendre certains organes ou des activités humaines dans une théorie téléologique devrait nous encourager à penser qu'une réponse peut être trouvée. Mais pas aussi rapidement que le pensait Aristote : ce pour quoi les hommes sont faits n'est pas aussi manifeste que cela dès qu'on sait que les hommes, et seulement eux, sont capables d'un langage théorique.

Toutefois, afin de montrer que les hommes ont besoin des vertus pour effectuer ce pour quoi les hommes sont faits, de quoi qu'il s'agisse, il se pourrait que ce ne soit pas nécessaire de déterminer la fin et le bien de l'homme. Car des personnes dont les premières prémisses pratiques, celles qui formulent leurs fins ultimes, sont non seulement divergentes mais irréconciliables, peuvent néanmoins s'accorder pour réaliser une situation qui soit une condition indispensable, quelle que soit la fin à réaliser, ou pour éviter une situation qui empêcherait la réalisation d'une fin, quelle qu'elle soit. C'est ce que signifie un compromis, c'est ce que permet la diplomatie.

Considérons le fait que des personnes de différentes religions ou qui n'en ont aucune peuvent s'accorder pour construire un hôpital et le faire fonctionner, en s'entendant en gros sur ce qu'on doit y faire. Il y aura bien sûr des désaccords marginaux dans l'organisation, par exemple au sujet des interventions destinées à l'avortement et des limites de l'expérimentation sur les êtres humains. Mais l'entente peut se faire sur le combat contre des maladies parce qu'elles entravent les efforts humains vers la plupart de leurs buts.

Certes, de tels compromis ne peuvent se réaliser que s'il n'y a pas de désaccord trop violent sur les fins ultimes. Pensons à un médecin chrétien en désaccord avec son hôpital. Mais alors, si ce médecin chrétien prend au sérieux sa religion, il doit être en désaccord avec bien des choses que certains d'entre nous croient au sujet de la façon dont les choses vont dans le monde. Pourquoi devrais-je prendre telle opinion déviante plus au sérieux qu'une autre ? On pourrait me dire qu'à cet égard la question des faits et la question des valeurs se posent fort différemment. Il y a des procédures de décision – de pondération et de mesure – pour parvenir à s'entendre sur des faits ; il n'y a pas de procédures de décision pour réaliser un accord sur les valeurs. C'est une vieille histoire en philosophie : elle remonte à l'*Euthyphron* de Platon. Son ancienneté ne la rend pas meilleure.

De fait, nous pouvons quelquefois et au sujet de questions importantes nous accorder sur des stratégies et des valeurs ; c'est ce qui seul rend possible cette part de paix et de civilisation existant dans le monde. Tout comme dans les questions de fait, nous sommes alors en désaccord sur l'arrière-plan d'un accord ; c'est une erreur de méthode en philosophie morale de nous concentrer sur ce qui est problématique et discutable plutôt que d'étudier les méthodes par lesquelles on parvient à un accord, certes imparfait et non systématique, mais qui n'est pas négligeable.

D'un autre côté, certains désaccords sur des questions de fait peuvent ne pas être surmontables : observation, mémoire et témoignage sont tous faillibles. Pour un exemple, il nous suffit de considérer une dispute au sujet d'un accident de la circulation : les gens vont s'écharper simplement sur ce qui est arrivé, et aussi sur ce qu'il serait arrivé si l'on avait correctement fait ce qu'il faut ; et il n'y a pas de procédure de décision pour résoudre de telles disputes.

Un argument curieusement circulaire est souvent avancé en faveur de la thèse de l'insolubilité des disputes au sujet des valeurs, de leur différence radicale avec les disputes factuelles ; je crois qu'Alan Gewirth fut le premier à le remarquer. Quand nous disons que tout le monde s'accorde sur une certaine proposition en physique, nous savons très bien, si nous renonçons au bla-bla, que « tout le monde » est une simple façon de parler ; un très grand nombre de gens sur la Terre auront entendu parler de la chose, mais parmi eux seule une minorité est réellement compétente pour se former une opinion, le reste accepte cette proposition sur la base de l'autorité. Cela vaut même pour des faits notoires comme la rotondité de la Terre et le fait que le soleil soit une immense boule située à des millions de kilomètres. S'agissant d'un jugement pratique, certains philosophes voudraient alors que nous pensions à interroger honnêtement l'opinion de tout et chacun : nous devrions consulter les scientifiques chrétiens, les Zandés, les habitants du Trobriand, Monsieur Hitler, le vieil oncle Joe Staline, etc. Il n'y a vraiment rien de surprenant d'obtenir une grande variété de résultats quand tant de gens différents sont interrogés.

Il sera répondu à cela que le recours à des personnes différentes dans le sondage d'opinion est justifié parce que s'agissant de moralité, à la différence des questions de fait ou de mathématiques, il n'y a pas d'experts ou d'autorités ; l'opinion d'un homme vaut celle d'un autre. Mais comment le savons-nous ? Est-ce parce que les questions morales sont radicalement différentes des questions factuelles ? Si c'est la réponse, les différences supposées entre des désaccords moraux et des désaccords théoriques sont utilisées pour justifier les façons différentes de considérer un sondage ; nous tournons dans un cercle vicieux si nous utilisons les résultats de sondages d'opinion pour étayer la thèse que le désaccord moral peut plus difficilement être résolu que le désaccord théorique.

S'agissant de la thèse qu'il n'existe pas d'expertise morale, nous jugeons très communément que A est un imbécile, qui ne suit que sa propre idée et aucun conseil, ou aussi bien le conseil d'amis flatteurs qui lui disent de faire tout ce qu'il veut faire ; que B est suffisamment sage pour suivre les conseils avisés d'autres ; que C est sage dans le domaine pratique et que ses conseils justement sont très recherchés par les autres personnes. Nous faisons les mêmes distinctions au sujet de degrés différents de connaissance dans le domaine théorique. Dans les deux cas, ce qui fait la réputation d'un homme et la valeur de son conseil est pour une part une question de flair naturel et, d'autre part, une question d'expérience.

De façon péremptoire, j'exclus de la discussion les conceptions morales vraiment trop folles pour les mêmes raisons que les conceptions théoriques qui le seraient tout autant. Ces exclusions faites, le consensus théorique et pratique entre les hommes est suffisant pour que des gens de diverses opinions coopèrent pour construire des maisons, des routes, des voies de chemin de fer, des hôpitaux, pour faire fonctionner des universités, etc. Sur la base d'un tel consensus, nous pouvons voir le besoin que les hommes ont des quatre vertus cardinales : ces vertus sont nécessaires pour toute entreprise valable sur une grande échelle, tout comme le sont la santé physique et la santé mentale. Nous avons besoin de la prudence ou de la sagesse pratique pour tout projet développé. Nous avons besoin de la justice pour garantir la coopération et la confiance mutuelle entre les hommes, sans lesquelles nos vies seraient lamentables, violentes et courtes. Nous avons besoin de la tempérance afin que la recherche de satisfactions immédiates ne nous prive pas de nos fins à long terme et à grande échelle. Nous avons besoin du courage afin de persévérer en affrontant les revers, la lassitude, les difficultés et les dangers.

D. Z. Phillips et d'autres de la même école de pensée me reprocheront de ne pas défendre s'agissant des vertus une thèse stoïcienne selon laquelle elles seraient à rechercher pour elles-mêmes et non pas pour le bénéfice que l'homme en retire. Sur ce point, Philippa Foot a souvent été attaquée pour avoir essayé de montrer, en échouant bien sûr, qu'à cet égard les vertus « paient » toujours pour ceux qui les ont. Madame Foot est tout à fait à même de se défendre, mais j'ai aussi été l'objet d'une attaque de cette sorte et je vais brièvement répondre. C'est un simple sophisme de confondre la thèse que les hommes ont besoin de vertus cardinales à leur profit – que nous puissions nous en rendre compte sans dire spécifiquement ce pour quoi les hommes sont faits – avec la thèse qu'être brave ou juste est payant pour tel homme qui est brave ou juste. Les hommes ont besoin des vertus comme les abeilles ont besoin de piquer. Une abeille individuelle peut périr en piquant, pour autant les abeilles ont besoin de piquer ; un individu peut périr en étant brave ou juste, pour autant les hommes ont besoin du courage et de la justice. C'est tout aussi sophistique de faire comme si l'alternative passait entre la vertu morale pour elle-même et l'égoïsme. Les hommes sont faits de telle façon qu'ils s'inquiètent de ce qui arrive aux autres ; indépendamment du respect du devoir, les inclinations des hommes vont en ce sens. Hume a remarqué, dans un passage cité par Madame Foot, que c'est précisément notre préoccupation pour les autres qui peut nous tenter de ne pas observer la justice : par exemple, de donner à B l'argent qui devrait être donné à A, parce que A est un avare ou un débauché auquel l'argent ne serait d'aucun profit, alors que B en aurait grand besoin.

Le besoin de foi, d'espérance et de charité que les hommes ont ne pourrait être établi que par une détermination plus spécifique de la finalité humaine. Je laisserai presque complètement de côté la charité pour le moment. Si la charité est l'amour de Dieu au-dessus de toutes choses dans le monde et celui du prochain pour l'amour de Dieu, c'est seulement si Dieu existe que la charité a une valeur : sinon c'est une illusion pathétique, comme l'amour de Don Quichotte pour Dulcinée. Le mot « charité » a de tout autres significations, mais on peut avoir des doutes les concernant que la charité soit vraiment une vertu.

D'un autre côté, il est possible qu'on *puisse* comprendre le besoin de la foi et de l'espérance sans déterminer la place de l'homme dans le monde et sa fin dernière. Car il se pourrait que tous les hommes ne parviennent pas à la fin pour laquelle les hommes sont faits. L'explication téléologique d'un gland est qu'il se développe pour devenir un chêne ; mais la plupart des glands ne deviennent pas des chênes. Voici ce qui a été soutenu : que les hommes atteignent leur fin principale ou non ne dépend en rien du choix humain ; peut-être les hommes de toute façon agissent-ils, et peut-être certains hommes sont destinés à échouer. Si tous les hommes peuvent parvenir à leur fin dernière, mais seulement en faisant des choix corrects (et c'est ce que je pense), alors il est raisonnable de supposer que le choix correct doit être guidé par une conception correcte des choses. Il est raisonnable aussi de persévérer dans cette conception correcte des choses même quand (comme le dit McTaggart) cela semble une trop bonne chose ou une chose trop dure d'être dans le vrai : cela requiert une volonté vertueuse et de résister aux tentations d'aveuglement intellectuel ou de pensée frileuse. Dès lors, d'une façon générale, indépendamment de toute thèse tout à fait définitive sur ce pour quoi les hommes sont faits, il est loisible de voir qu'on peut avoir besoin d'une vertu qui remplisse le rôle que la théologie médiévale donne à la foi ; McTaggart, dont la conception de l'homme était très différente de celle d'un chrétien médiéval, utilise en fait le terme « foi » pour la vertu qui nous permet de persévérer dans une conception correcte des choses, quand on y est parvenu, et de ne pas en dévier par les événements et les hasards de notre vie morale. Il est encore plus aisé d'expliquer quel rôle la vertu d'espérance peut avoir : si parvenir à la fin principale de l'homme est possible mais fort difficile, nous avons besoin d'une vertu nous préservant aussi bien de la présomption stupide, qui nous aveugle sur les difficultés et dangers de notre voyage, que du désespoir, qui nous fait renoncer, laisser tomber et périr misérablement.

J'ai essayé d'exposer le besoin que les hommes ont des vertus en termes de ce que pour quoi les hommes sont faits, de leur téléologie intégrée. Une objection possible pourrait être : « Qu'avez-vous fait ? Seulement décrit ce que, par métaphore, on peut appeler les intentions de la Nature pour l'homme. Mais pourquoi devrions-nous prêter attention à ces intentions si elles entrent en conflit avec les nôtres ou avec les valeurs que nous adoptons librement ? Comme le dit le victorien radical Place[1], « la Nature est un sale vieux crapaud. »

Un homme est bien sûr libre de « connaître le bien et le mal », au sens que je tiens pour celui de la Genèse : affirmer ses propres valeurs indépendamment de ses téléologies intégrées. Le problème est que cela ne marchera pas. La Nature est telle qu'une chose vivante vit en détruisant

1. Je suppose qu'il s'agit de Francis Place, un homme politique anglais du xviiie siècle (N.d.T.).

et en consommant une autre vie – et c'est bien sûr l'une des choses qui font dire aux hommes de la Nature qu'elle est un sale vieux crapaud ou quelque chose de semblable. Mais celui qui aurait décidé d'être un objecteur consciencieux à cette organisation en viendrait bientôt à devoir choisir entre endurer les affres de la conscience ou celles de la faim. Si l'objection allait aussi loin jusqu'à empêcher les phagocytes dans son sang de détruire toute vie étrangère, il mourrait rapidement et lamentablement. D'autres valeurs morales contraires à ce pour quoi les hommes sont par nature conduiraient au désastre moins rapidement et moins dramatiquement, mais pas moins sûrement. Dans le langage biblique, c'est la colère de Dieu tombant sur les enfants de la désobéissance : ce qui n'est en rien l'affaire d'un Nobodaddy[1] irascible au-dessus des nuages, mais l'expérience quotidienne que des conséquences naturelles ne sont pas épargnées aux fous persistant dans leur dérangement, même si par la miséricorde divine le désastre peut être différé.

---

1. Nobodaddy est le nom donné en 1793 par William Blake, dans son poème éponyme (« À Nobodaddy »), à un Dieu anthropomorphe, « Père de la Jalousie », qui se cache dans les nuages (N.d.T.).

CHAPITRE II

LA FOI

« *Without face you cannot be shaved* »[1]. Selon la légende, c'est ce que le saint prêtre qui reçut John Henry Newman dans la communion romaine avait coutume de dire aux publics moqueurs ou hostiles qu'il rencontrait en allant prêcher aux quatre coins de l'Angleterre. J'ai choisi de placer cette phrase en exergue de ce chapitre afin d'insister sur l'idée que le besoin de cette vertu de foi, si nous voulons être sauvés, est affaire de relation interne, tout comme l'impossibilité sans visage de raser une barbe ; ce n'est pourtant pas que Dieu rechigne à donner sa grâce et sa miséricorde à tous ceux qui ne peuvent pas même atteindre le niveau du brevet lors d'un examen obligatoire de théologie.

Les quatre vertus cardinales sont à tenir comme nécessaires à un homme pour qu'il parvienne à sa principale fin, ce pour quoi les hommes sont faits, sans même que nous ayons à chercher quoi. Comme l'a dit Tadeusz Kotarbiński dans l'une de ses délicieuses épigrammes :

---

1. La phrase en anglais, qui signifie « Sans visage, vous ne pouvez pas être rasé », se prononce en gros comme « *Without faith you cannot be saved* » (« Sans la foi vous ne pouvez pas être sauvé »). Il y a ici un jeu de mots intraduisible et une anecdote humoristique (N.d.T.).

croyants et incroyants peuvent être des collègues loyaux dans une brigade de pompiers. Bien sûr, il faut ajouter que si quelqu'un adoptait une conception de la finalité plutôt déviante, cette possibilité de coopération dans l'action prendrait fin entre des personnes dont les fins ultimes diffèrent ainsi que, conséquemment, le besoin des vertus rendant possible cette coopération. Celui qui voue un culte au Monarque du Feu ne sera pas un collègue fiable dans la brigade des pompiers. Mais j'ai montré dans le chapitre précédent que notre respect spéculatif pour les actions vraiment folles ne devrait pas être poussé trop loin, et pas plus notre respect pour des théories tout aussi folles.

S'agissant des trois vertus théologales, en revanche, il est impossible d'établir leur nécessité sans cesser d'atermoyer au sujet de ce pour quoi les hommes sont faits. Les chrétiens croient que l'homme est en fait destiné à une fin trans-naturelle qu'on ne peut déterminer qu'à partir des capacités observées et pensables de la nature humaine. La fin principale de l'homme, dit le Petit Catéchisme écossais, est la glorification de Dieu et la béatitude pour toujours auprès de lui. Si c'est vrai, nous semblons être pris dans un cercle vicieux s'agissant du besoin de foi ; seul celui qui a déjà la vertu de foi saisira correctement quelle est la fin principale de l'homme, et donc pourquoi nous avons besoin de la foi pour l'atteindre.

Ce n'est cependant circulaire que si j'essaie de démontrer le besoin de la foi, et ce n'est pas ce que ferai ; je ne tenterai pas non plus de présenter les choses d'une façon strictement cohérente ni de répondre, directement ou par anticipation, aux objections contre cette conception de la foi comme vertu. J'espère que pour certains de mes lecteurs je pourrai servir ainsi à écarter des obstacles à la foi : la foi ne peut provenir que d'un don divin.

Sans foi, pas de salut. Pour saisir ce que cela veut dire nous avons besoin à la fois de comprendre ce *en vue* de quoi les hommes sont sauvés et ce *dont* ils sont sauvés. Quand nous disons que connaissance et amour de Dieu sont la fin principale de l'homme, nous n'affirmons pas que tous les hommes doivent l'atteindre, et pas non plus que Dieu est frustré si les hommes ne parviennent pas à cette fin. Donner des explications ou des descriptions téléologiques, permettez-moi d'insister encore, ce n'est pas concevoir Dieu, à la manière de William Paley, comme un horloger combinant astucieusement des moyens en vue de fins : une telle notion de moyens et de fins ne s'applique pas à un Créateur tout-puissant qui n'a rien à gagner à la création ni besoin d'aucun moyen pour parvenir à des fins qu'il pourrait produire par sa seule volonté.

« La jouissance sans fin de la vision de Dieu est la fin principale de l'homme » est une proposition du même genre que : « Devenir un chêne est la fin principale du gland ». Les processus reproductifs des choses vivantes se présentent ostensiblement sous une description téléologique, et ils résistent manifestement à cette facilité de pensée consistant à éliminer les téléologies explicites pour les remplacer par la sélection naturelle ; en effet, à moins que les mécanismes permettant aux organismes de se reproduire dans leur espèce ne soient présupposés – y compris ce modèle de reproduction téléologique – le processus évolutionniste n'en concernera aucun. La plupart des glands, par exemple, ne deviennent pas des chênes. Ce qui ne signifie pas que le dessein de Dieu soit frustré ni que Dieu gaspille bêtement : parler de gaspillage est une accusation insensée contre Dieu, dont la richesse est inépuisable, et les glands qui manquent leur fin principale jouent leur rôle dans l'écologie de la forêt, laquelle admet aussi une description téléologique. De même, les hommes qui manquent leur fin principale n'en sont pas pour autant inutiles. Comme le disait Spinoza, dans le style de la prophétie hébraïque : « ceux qui ne connaissent pas Dieu ne sont dans la main de l'Artisan qu'un instrument qui sert sans le savoir et qui est détruit en servant » [1].

Mais cette conception laisse jusqu'ici de côté quelque chose de vital : la créature rationnelle n'est pas faite seulement pour parvenir à une certaine fin, mais pour y parvenir par son propre choix libre. Un gland peut échouer à atteindre sa fin principale en raison d'innombrables obstacles extérieurs : la détermination externe du libre choix de l'homme est une contradiction dans les termes. C'est seulement par un choix libre mais pervers qu'un homme échoue dans la réalisation de sa fin principale ; et tout le monde a une vraie chance – dans le jargon théologique, une grâce suffisante – d'atteindre sa fin principale par un choix libre et approprié.

Que les hommes choisissent mal est un obscur mystère, que nous ne pouvons comprendre en cette vie. C'est une erreur de l'expliquer par la simple existence du libre choix, comme l'ont fait inconsidérément certains apologistes. Dieu, dont le choix et l'élection est suprêmement libre, ne peut pas choisir mal ; pas plus que le Fils de Dieu qui, pendant sa vie terrestre, demandait hardiment à ses ennemis lequel, parmi eux, pouvait l'accuser d'avoir péché ; pas plus que le saint qui, au paradis, sert celui dont le service est parfaitement libre. L'erreur vient ici, en partie, d'une philosophie morale erronée ; elle enseigne que quiconque ne fait pas l'unique acte optimifique, dans les circonstances où il se trouve, agit mal ; j'en dirai plus sur cette erreur

1. Lettre de Spinoza à Guillaume de Blyenbergh (5 janvier 1665) (N.d.T.).

quand j'en viendrai à discuter la vertu de prudence. Pour le moment, j'affirme simplement qu'un agent a souvent le choix entre divers biens, et il ne fait ainsi rien de mal, quel que soit son choix ; et dès lors la liberté de choix n'explique pas suffisamment la possibilité de choisir mal.

Un chrétien croira que Dieu a permis la possibilité d'un choix mauvais, et même sa réalité à une grande échelle, seulement parce que, ainsi, de grands biens pouvaient être produits, qui l'emportent de loin sur la souffrance et la perte causées par le péché, et aussi sur la malice du péché lui-même. Pour que cela soit vrai, la relation du bien et du mal doit être une relation interne ; le bien doit être une réaction au mal, de telle façon que le bien ne puisse pas exister si le mal n'existe pas. Et nous pouvons voir, pour une part, comment cela arrive ; comment l'amour rédempteur dans le cœur humain du Christ, et dans le cœur de ceux qui, comme le dit l'Apôtre, « achèvent ce qui manque aux souffrances du Christ »[1], emporte toute la malice des hommes, et même la malice provoquée dans cet amour même.

J'ai été conduit tout naturellement à la question de savoir ce dont les hommes sont sauvés. Ils sont sauvés du péché, du mal de leur propre volonté perverse. Mais il n'est pas approprié de seulement penser que les hommes individuellement font des choix libres mauvais ; toute la race humaine, selon l'enseignement chrétien, est touchée par cette calamité gigantesque du Péché originel. Il y a bien longtemps, les premiers ancêtres des êtres humains d'aujourd'hui, les premiers animaux élevés à la dignité de créatures rationnelles, ont péché délibérément et gravement, et par leur faute toute leur descendance a été corrompue et l'est toujours. Il n'existe pas de salut par solidarité avec

1. *Col*, 1, 24 (N.d.T.).

la race humaine : en Adam tous sont morts. C'est une corruption moderne de la Chrétienté d'enseigner que cette descendance pourrie a été rachetée et revivifiée ; seuls ceux qui sont coupés de l'arbre adamique – pour cela, à la différence d'une plante que l'on coupe, ils doivent y consentir librement – et greffés au nouvel olivier du Christ peuvent espérer vivre. Comme l'a dit un jour l'un de mes vieux amis, un Christadelphe, la porte est assez étroite, un seul y passe à la fois. Pour ceux qui recherchent le plaisir de la foule, il ne reste que la large voie de la destruction. Le salut est une affaire de décision individuelle, dans la réponse à l'appel de Dieu.

Comment le Péché originel est-il alors transmis ? Je pense que nous pouvons d'emblée rejeter l'histoire racontée par certains apologistes catholiques ; il serait transmis seulement par le péché des premiers êtres humains pour eux-mêmes, et aussi pour leurs descendants, qui n'héritent pas de certains privilèges sans pareils. Le parallèle employé est celui d'une personne qui peut tristement penser : « Moi et mes descendants après moi, nous aurions tous été nobles si nos titres n'avaient pas été annulés pour haute trahison, il y a des siècles ». À première vue, entre le doux regret qu'on en soit arrivé là et le sentiment de besoin désespéré, tel qu'on le voit dans le Catéchisme à un sou, les choses sont bien différentes ; nos inclinations naturelles nous conduisent au mal depuis notre jeunesse, et sans le secours de la prière et la pénitence, elles nous conduiront certainement en Enfer. Je n'ai pas besoin de discuter la question de savoir si l'histoire de la noblesse perdue est un « développement légitime » ou un « renouvellement » de l'ancienne doctrine.

J'en viens à formuler cette doctrine plus ancienne, celle de saint Thomas. Dans sa présentation de la chute lamentable de l'homme et du besoin de grâce, elle ne manque pas de sévérité ; mais, ainsi présentée, la position de saint Thomas est contradictoire. Nous pouvons en effet extraire dans ce que dit Thomas des propositions formant un pentagramme inconsistant :

> Le Péché originel est un péché.
> Le péché concerne la volonté de l'âme.
> L'âme est directement créée par Dieu chaque fois qu'un nouveau bébé humain en vient à être dans le ventre d'une femme.
> L'âme n'est pas créée peccamineuse.

L'âme ne peut devenir pécheresse en devenant l'âme d'un corps qui provient d'ancêtres pécheurs. (Saint Thomas ne peut rien dire d'autre parce qu'il accepte expressément l'enseignement d'Ézéchiel : personne n'est coupable des péchés de son père, sauf s'il choisit d'aller sur les traces de son père.)

Ainsi présentées, les thèses de saint Thomas suggèrent une manière platonisante de parler de l'âme et du corps ; elle entre en conflit avec l'aristotélisme qu'il a délibérément adopté. Il eut été souhaitable que saint Thomas n'ait pas hésité à dire que les affirmations platonisantes des Pères doivent être charitablement exposées, mais non pas imitées ; lui-même bien souvent ne les a pas imitées. Dans le modèle aristotélicien, il ne peut être cohérent de penser qu'une âme a d'abord été créée, puis infusée dans le corps, pas même au sens d'une priorité logique ou conceptuelle. Il n'existe rien qui soit le corps humain – ce n'est même pas *un* corps – à moins qu'il n'ait déjà, par l'âme, une vie unique ; d'un autre côté, l'âme ne peut pas être individuée et distincte d'autres âmes du seul fait d'être l'âme de *ce* corps plutôt que d'un autre.

Cependant, nous pouvons parler à juste titre d'une intervention divine spéciale, survenant lors de chaque nouvelle vie humaine; c'est ce qu'il importe de préserver dans la thèse créationniste. Car les modes de description nécessaires pour les activités intellectuelles humaines, le langage et les institutions, sont logiquement différents de ceux qui servent à la description des faits et des lois de la nature sub-humaine. Dès lors, aucune logique ne peut dériver des faits et de lois de la nature sub-humaine une explication de la nature humaine. Chaque fois qu'un bébé humain, capable d'acquérir des capacités intellectuelles, sort de « la poussière du sol »[1], dans sa forme protoplasmique, en s'interrogeant à son sujet, nous devons dire : c'est le doigt de Dieu. Un homme n'est pas fait de deux pièces, l'une matérielle et l'autre immatérielle, accordée par Dieu, et se séparant plus tard à la mort; c'est pour cela que les hommes sont par nature des enfants de Dieu; comme le dit le Psalmiste ce sont, en un sens, des Dieux, et ils peuvent appeler Dieu leur Père, plus sûrement qu'aucun père terrestre. Saint Paul n'a pas reculé devant la citation d'un poète païen : « Nous sommes aussi de sa descendance »[2]. Nous ne devons pas l'oublier, même si pour leurs péchés les hommes doivent « être détruits et périr comme les princes »[3].

Je ne peux pas ici développer la différence logique à laquelle j'ai fait allusion ; Quine a cependant fait le travail pour moi dans *Le mot et la chose* et dans d'autres de ses écrits. Il insiste sur l'idée qu'il n'y a pas de pont logique entre les propositions des sciences de la nature et le langage

1. *Gn* 2 7-8 (N.d.T.).
2. Citation du poète Aratos (IIIe siècle av. J.-C.). La citation est dans les *Actes des Apôtres*, 17, 28 (N.d.T.).
3. *Ps*, 82, 7 (N.d.T.).

dans lequel on trouve des constructions au style indirect, celles que nous utilisons naturellement pour décrire nos propres attitudes et ce que nous voulons, ou les attitudes des autres et ce qu'ils veulent dire. Cherchant à maintenir l'omni-compétence des sciences de la nature, Quine recourt à un « double standard », qui rappelle la doctrine de la « double vérité » combattue par saint Thomas. Dans notre humeur intellectuelle la plus honnête et la plus rigoureuse, inspirée par la muse la plus rigoureuse (Urania, comme dans Tennyson[1]), nous évitons les constructions complexes au style indirect dont nous avons besoin dans le discours familier au sujet des choses que les hommes disent, pensent, veulent, et nous nous contentons des descriptions natura-listes et scientifiques des réactions physiques humaines. Les locutions familières *semblent* intelligibles ; on ne peut pas sérieusement les considérer comme des propositions possédant des valeurs de vérité ; en revanche, quand X dit ce que quelqu'un pense ou veut, X reconstitue, en insistant, une certaine attitude d'un homme, et il la présente dans des mots appropriés pour l'exprimer.

J'ai commenté dans d'autres écrits ce type caractéris-tique de théorie, particulièrement apprécié à Oxford, dévaluant des propositions désignatives en simples pro-positions performatives qui peuvent être évaluées seulement comme (disons) réussies ou non, et non pas comme vraies ou fausses. Ce n'est pas un hasard si le travail de Quine dans *Le mot et la chose* s'est fait en partie au sein de ce milieu philosophique. Certes, elle serait grande cette vir-tuosité spectaculaire par laquelle un homme fait plusieurs

---

1. « Urania parle avec un front sombre » (N.d.A.). Geach cite ici un vers du poète Lord Alfred Tennyson dans son poème « In Memoriam » (N.d.T.).

choses au même moment, comme dans le cas d'une phrase
comme « Quine dénie que Geach ait raison en assignant
à Quine l'interprétation de Frege disant que … » ; le locuteur
devrait reconstituer ce que fait Quine reconstituant ce que
fait Geach reconstituant ce que fait Quine reconstituant ce
que fait Frege ; on peut douter qu'une telle construction
enchâssée, telle je viens de la proposer, puisse être autorisée
par la « muse rigoureuse ». Mais en réalité toute cette
théorie est aussi peu crédible que la théorie métaphysique
de McTaggart qui nie l'existence de rien de plus qu'une
illusoire apparence introspective de la pensée discursive
– une croyance qu'il n'y a pas de croyances, une inférence
qu'il n'y a pas d'inférences.

Dans la mesure où il est logiquement impossible d'expliquer dans des termes naturalistes et scientifiques l'origine,
chez un nouvel être humain, de la rationalité et du libre
arbitre, le problème posé par le pentagramme inconsistant
de saint Thomas semble réapparaître sous la forme la plus
sévère. Si Dieu est celui dont l'action spéciale est requise
pour qu'on passe du simplement biologique au niveau
humain, et si les hommes sont nés avec des inclinations
perverses et condamnables, comment Dieu n'est-il pas
l'auteur de leur péché ? Ou encore, le péché vient de la
volonté ; cependant, le fœtus dans le ventre est incapable
d'action libre ; alors comment contracte-t-il le péché
originel ?

Je pense que nous trouverons la clé du problème en
osant être plus aristotélicien que saint Thomas ; en un sens,
même plus aristotélicien qu'Aristote ; car ce que nous
devons faire est rejeter, à la différence d'Aristote, qui ne
l'a jamais fait, le mythe platonicien des parties de l'âme.
L'*appetitus naturalis* qui s'exprime dans toute la téléologie
de la vie, et la volonté qui s'exprime dans l'action volontaire

délibérée, ne relèvent pas de principes différents de vie, mais seulement d'un seul. Le mouvement de la génération, qu'on peut attribuer à la volonté d'Adam après la chute, se continue dans la racine même de la volonté, la *voluntas ut natura*, dans tout nouvel individu humain.

Ce qui a constitué, à proprement parler, le péché, c'est l'acte des premiers êtres humains par lequel les pouvoirs du corps et de l'esprit n'ont plus été harmonieusement soumis à la volonté sainte ; dorénavant, la téléologie générative de l'homme est seulement celle d'une progéniture privée d'une telle harmonie, dont le premier mouvement vital comprend la volonté pécheresse d'Adam, et dans laquelle tous les hommes sont littéralement compris. En réalité, c'est seulement pour une observation grossière que la propagation du matériel génétique d'Adam semble si différente de celle de cet arbre qu'est le banian. Par nature nous devons accepter d'appartenir à une espèce de créatures imparfaites, ce que la Chute a fait de nous ; en suivant notre tendance naturelle nous versons dans le péché le plus grossier. Celui qui ne nage pas contre le courant de son propre monde humain est emporté vers la destruction.

La croyance chrétienne enseigne que c'est seulement par l'intervention de la grâce divine que nous pouvons être sauvés de cette destruction. Mais il y a une précondition naturelle du salut : nous devons exister comme des individus distincts avec nos volontés propres. L'individuation de la vie humaine est un fait mystérieux, mais certainement un fait ; nous ne sommes pas tous une seule personne, et nous sommes sauvés ou perdus individuellement. Schopenhauer disait que même si cette volonté, qui s'exprime dans la vie et la génération humaines, est une à la base, elle devient individuelle dans chaque homme, à travers le développement de l'intellect, manifesté physiquement dans le cerveau ;

et précisément, ainsi individualisé, la volonté devient un sujet possible de cette mystérieuse conversion qui seule peut sauver. Je pense que cette idée est fondamentalement correcte, et je vais essayer de la développer.

Tout élément de vie séparée, trouvant son origine en l'homme, n'est pas un être humain individuel : ce n'est pas vrai d'un ovule ou d'un spermatozoïde, ni d'une cellule vivante dans du sang transfusé, ni d'un organe gardé vivant en dehors du corps. Je ne pense pas non plus qu'un ovule fertilisé soit un être humain : il peut se développer en deux individus, voire plus, et il peut se développer en ce que les médecins appellent un môle, du latin *moles*, un morceau. Un môle, c'est seulement un morceau de tissus vivants qui grossit. Quand on en fait le diagnostic, un môle est retiré aussi vite que possible ; je ne pense pas que l'avocat le plus décidé de l'animation immédiate affirmerait que, malgré son apparence étrange, c'est un être humain, ou peut-être plusieurs êtres humains. Mais à une certaine étape de son développement – on la reconnaît au plus tard à l'apparition d'un système nerveux central – la téléologie de l'embryon est réglée pour produire un nouvel être humain, un animal rationnel. Ce qui ne signifie pas que l'embryon ait une conscience rudimentaire, comme Descartes l'a supposé dans une lettre, ni même que l'embryon soit capable alors d'actes rationnels : la rationalité, comme le Dr Kenny l'a montré dans ses Gifford Lectures[1],

---

1. Les Gifford Lectures (Conférences Gifford) ont été établies en 1887. Elles sont données dans les universités écossaises et constituent, pour le conférencier invité, une tribune prestigieuse. Elles sont par la suite publiées, telles qu'elles furent prononcées ou non, sous la forme de livres. Peter Geach fait probablement allusion à des thèses que Sir Anthony Kenny présenta lors de ses Gifford Lectures et qu'on retrouve dans *The Metaphysics of Mind*, Oxford, Oxford University Press, 1989 (N.d.T.).

est une capacité d'*acquisition* de capacités pour des activités rationnelles spécifiques. À partir de là, il y a un nouvel être humain ; sa volonté tire sa racine des premiers hommes, mais étant nouvellement individué il *peut* vouloir autrement ; pour cela, le nouvel intellect peut donner la lumière à la nouvelle volonté individuée.

Puisque l'âme n'est pas une entité, subsistant séparément et individuée séparément, le créationnisme et le traducianisme ne sont vrais ni l'un ni l'autre tels qu'ils furent initialement présentés. Le créationnisme, je l'ai montré, est correct quand il affirme que le passage de la vie non-humaine à la vie humaine requiert encore maintenant – et non il y a bien longtemps – un acte créatif spécial ; mais nous pouvons regarder cet acte comme continué à travers la vie de toutes les espèces plutôt que répété, et même comme la dépendance de la créature au créateur en général, continuée à chaque moment, et non pas restreinte au commencement du monde. Le traducianisme est encore moins susceptible d'être pris littéralement, puisque ce n'est pas à partir d'elle-même que l'âme peut bourgeonner ; mais il est correct d'insister sur la continuité en nous d'une vie unique avec nos premiers ancêtres et avec ses tendances viciées par leur péché. Les étranges générations qui sont discutées aujourd'hui – la parthénogénèse des femelles (dont on affirme qu'elle survient parfois naturellement), le clonage, et ce genre de choses – ne pourraient pas modifier le vice hérité. C'est seulement la production d'un nouveau commencement par Dieu qui peut faire dans la descendance humaine un être humain libéré du péché originel : l'histoire dans les Évangiles racontant comme cela s'est passé, quoique rien n'y soit strictement nécessaire, apparaît comme étant celle qui convient le mieux – Schopenhauer l'a remarqué.

Par une disposition innée, je l'ai déjà dit, nous tendons à accepter l'appartenance à la sorte de créatures imparfaites que la Chute fît de nous. Saint Thomas nous enseigne que c'est le lot de tout homme, après l'âge de raison, de choisir : rester séparé de Dieu ou plutôt se tourner vers lui (*Summa Theologica*, Ia, IIae, q. 89 art. 6). À tout homme est donné une grâce suffisante pour faire le choix correct, mais beaucoup rejettent cette grâce et se perdent. Comment ce choix en vient à être le lot humain, quelles chances les hommes ont-ils et comment ils les prennent ou les rejettent, nous ne le saurons pas avant le Jugement dernier. Dans les histoires des Vikings, on a retenu que l'un d'eux fut appelé l'Ami des enfants : il ne participait en effet pas au sport populaire consistant à lancer des petits enfants d'une pointe de lance à une autre ; on peut espérer qu'il a pris sa chance : c'est de cette façon que la grâce de Dieu se montre même dans l'environnement le plus corrupteur.

Le monde n'est que cruauté ; la plupart des choses faites dans ce monde sont mauvaises, simplement parce qu'elles sont faites en partant de l'idée que la nature de l'homme est bonne à la base et fautive uniquement *per accidens*. Sauver l'individu de ce désastre collectif est seulement possible si l'illumination divine de l'intellect donne une nouvelle direction à la volonté.

Schopenhauer soutient que ce vers quoi la volonté humaine se tourne quand elle revient de ses penchants mauvais est totalement non conceptualisable ; c'est au-delà de ce que l'intellect humain, qui est le produit et la manifestation de la volonté corrompue, peut saisir. C'est une forme extrême de la doctrine de la Dépravation totale. Comme toutes les formes de cette doctrine, elle est logiquement intenable : il peut y avoir du bien pur, mais pas de pur mal, même chez un ange damné, pas plus que l'esprit peut être si complètement obscurci qu'aucun rayon de la vérité divine n'y entre. À cause de cette doctrine, Schopenhauer a pensé que les dogmes de la foi sont des mythes, des tentatives pour exprimer l'inexprimable ; mais ce sont des dogmes inoffensifs, pour autant que l'orientation de la volonté ait été corrigée par le changement de nature mystérieux qu'est une conversion.

Cependant, la volonté est un appétit rationnel : elle est à même de recevoir une nouvelle direction seulement si cela est rendu possible par une illumination nouvelle de notre compréhension ; même si Schopenhauer avait nettement raison de dire que cela ne peut pas être suffisant, *velle non discitur.* C'est à ce point que les considérations proposées dans mon article « Le culte du vrai Dieu »[1] deviennent importantes. Dans le cas d'une conception trop erronée de Dieu, il est rendu simplement impossible – logiquement impossible – que nous soyons reliés à Dieu par ce qu'on peut appeler l'amour de Dieu à l'égard de l'homme. Aussi significatif dans sa vie émotionnelle que soit l'amour d'un homme pour une femme, à juste titre il ne peut l'aimer si elle est simplement une *princesse lointaine*, dont il méconnaît les attributs réels, et s'il n'a avec elle aucune relation directe et réelle.

On pourrait répondre que si Dulcinea del Toboso ne connaissait pas la dévotion de Don Quichotte et n'en avait cure, Dieu connaît un homme, il s'en soucie, il peut l'appeler et l'attirer vers lui, malgré les plus grossières erreurs intellectuelles de l'homme. Mais l'Apôtre nous dit de ne pas croire n'importe quels esprits, mais seulement ceux qui viennent de Dieu. Si l'esprit qui guide un homme présente une conception par trop incorrecte de Dieu, nous

1. Il s'agit de l'article « On Worshipping the Right God », *God and the Soul*, London, Routledge & Kegan Paul, 1969.

pouvons alors avoir une bonne raison de douter que ce soit vraiment le Saint-Esprit. En particulier, quand des hommes croient que Dieu est présent dans des idoles consacrées, ou qu'ils pensent servir Dieu par un rituel meurtrier ou lubrique, ils ne servent pas le vrai Dieu : « voyant que toutes les choses qui sont faites autour d'eux étaient mensonges, comment peut-il être pensé ou dit que ce sont des Dieux ? »[1].

Les « gens du Livre », comme disent les Musulmans, soutiennent traditionnellement que nous parvenons à une conception correcte de Dieu en croyant le témoignage qui fait autorité. Les confusions philosophiques n'ont pas manqué au sujet de la croyance testimoniale. Qu'un homme puisse en principe justifier ses croyances rationnelles par la mémoire, l'observation ou l'induction est une idée aussi ridicule que répandue ; sa confiance dans le témoignage des autres est aussi supposée être garantie par induction. Mais aucun d'entre nous n'a de fondements rationnels de *cette sorte-là* pour établir la confiance, telle que nous l'avons, dans le témoignage des autres, et avec l'étendue que nous lui accordons. Ce qui cache cette difficulté est un usage approximatif des mots « observation » et « expérience » pour signifier parfois l'observation et l'expérience d'un individu donné, et d'autres fois l'observation et l'expérience humaine : Hume est un délinquant manifeste à cet égard. Un simple moment de réflexion montre que l'observation et l'expérience d'un homme ne le mènent pas bien loin, et que les observations et l'expérience de l'humanité ne lui sont généralement accessibles que par la confiance dans le témoignage et l'autorité.

---

1. Geach cite un passage de la *Lettre de Jérémie* (Lettre de Baruch 6), 44 (N.d.T.).

Bien sûr, tous les témoignages humains ne sont pas fiables, et l'autorité ne l'est pas non plus toujours ; mais nos critères de jugement au sujet des autorités et des témoins fiables sont eux-mêmes encore établis, non pas par l'expérience et l'observation privées, mais par l'expérience commune, qui n'est elle-même rendue disponible que par le témoignage et la confiance dans l'autorité. Cela peut créer, comme je viens de le dire, l'impression inconfortable d'avoir à nous débrouiller par nous-mêmes ; et je ne serais pas mécontent d'avoir ainsi créé un inconfort que je ne peux pas éliminer, car je ne désespère pas que les gens en viennent à mieux comprendre ce genre de choses une fois qu'ils ont vu le problème.

Dans un contexte de controverse religieuse, les gens diront que, finalement, un homme doit se fonder sur son jugement privé, et il peut aussi bien réaliser que c'est finalement ce qu'il a fait depuis le départ, sans se référer aux assurances d'une autorité ; autrement dit, en décidant quelle autorité suivre, un homme fait de lui-même l'autorité supérieure. Si nous examinons notre confiance dans les autorités séculières, nous devons reconnaître qu'elles sont radicalement trompeuses. Mon jugement est mon jugement, d'accord ; mais c'est une tautologie dont rien d'intéressant ne peut être tiré ; en reconnaître la vérité ne fait pas de moi mon propre juriste et médecin, ni ne fait dédaigner les conseils des gens qualifiés ; en suivant les conseils d'un juriste ou d'un médecin je ne prétends pas savoir plus de droit que mon juriste et plus de médecine que mon médecin. Ce qui me justifie, dans ces cas séculiers, en choisissant une autorité à suivre, est une question épistémologique on ne peut plus difficile ; il est raisonnable de supposer qu'aucune raison ne peut être trouvée. Un homme qui affirmerait qu'une autorité est infaillible (qu'une certaine classe d'affirmations faisant autorité sont toutes vraies) ne prétend pas lui-même être infaillible ; il prétend seulement, en l'occurrence, être dans le vrai.

« Si nous recevons le témoignage des hommes, le témoignage de Dieu est plus fort »[1]. Mais comment reconnaître le témoignage de Dieu parmi tous ceux qui prétendent le donner ? Il vaut la peine de mentionner certaines choses. Jamais la conviction de qui que ce soit n'est une raison de demander l'assentiment d'une autre personne : Madame Conan Doyle se sentait parfaitement sûre en pensant qu'il n'y a pas de damnation éternelle, et elle en a convaincu son fils Arthur quand elle l'a envoyé à Stonyhurst[2], mais elle n'avait aucun droit d'exiger son assentiment. En histoire, le témoignage au sujet d'un événement n'a aucune valeur à moins que nous puissions croire qu'il dérive par une chaîne de tradition depuis des contemporains qui connaissaient les faits eux-mêmes. Donc, dans ce cas, nous n'avons aucune garantie pour notre croyance à moins que la chaîne ne se termine à quelqu'un qui ne croit pas, mais qui sait : à Moïse qui a vu le visage de Dieu, ou au Christ qui avait tous les trésors de la sagesse et de la connaissance.

Les gens aujourd'hui parlent volontiers de la *foi* du Christ en son Père et dans sa mission, et même – que Dieu nous aide ! – de sa foi en l'humanité ; mais s'il avait seulement la foi, il marchait dans les ténèbres comme nous le faisons, un pas après l'autre, et pourquoi devrions-nous croire aujourd'hui simplement parce que lui-même croyait ? C'était à bien des égards un homme impressionnant, mais des hommes impressionnants ont cru toutes sortes de choses

---

1. 1 *Jn* 5, 9 (N.d.T.).
2. Il s'agit d'un célèbre Collège anglais (N.d.T.).

et tous ne peuvent pas avoir été dans le vrai. L'aveugle peut-il guider l'aveugle ? Une longue rangée d'aveugles peut rester bien comme il faut sur le chemin, peut-être, chacun se cramponnant avec confiance à celui qui le précède, pour peu que le premier de la rangée ne soit pas aveugle ; si lui aussi est aveugle, ils finiront tous dans le fossé.

Encore une fois, si une autorité admet être faillible, elle l'est ; une autorité qui prétend être infaillible *pourrait* l'être. Mais une prétention à l'infaillibilité entraîne des exigences. Si elle prétend être infaillible, une autorité doit pour commencer manifester sa véracité. Aucune autorité excusant le mensonge pour l'amour de Dieu ne mérite un instant d'attention. C'est seulement si l'enseignement affirme qu'un témoin de la vérité ne doit *jamais trahir* la vérité, quelles que soient les conséquences, que nous pouvons penser que la question de l'infaillibilité de l'enseignant est simplement discutable. (Une morale dans laquelle rien n'est exclu indépendamment de toute conséquence signifierait le rejet de toute prétention à enseigner infailliblement. Mais on peut montrer qu'une telle morale n'est pas fondée, même indépendamment de cette considération.)

Ensuite, une autorité prétendant à l'infaillibilité ne peut pas aussi prétendre pouvoir changer d'avis. Cette affirmation doit pouvoir être entendue : « Ce que nous enseignons, nous l'avons toujours enseigné, parce que c'est la vérité de Dieu ». « Vous devez assentir intérieurement à l'assertion que *p*, parce que nous la faisons maintenant, même si, avec la même autorité, nous exigions une croyance intérieure que non *p* il y a quelques années » : une telle demande, si jamais elle était faite, serait d'une effronterie stupéfiante.

En pensant à la foi comme un assentiment à des dogmes donnés par une autorité, je vais rencontrer les protestations de beaucoup de braves gens selon lesquels je ferais mieux de penser à la confiance aimante en une Personne. Mais l'opposition est fausse, et la raison de protester est éliminée par ce que j'ai déjà dit. On ne pourrait pas dire que l'électeur sénile de mon article « Le culte du vrai Dieu » a une confiance aimante en Mr Macmillan s'il l'a confondu, du fait d'un quiproquo dans son esprit avec le héros de la Gauche de sa jeunesse, Mr Ramsay MacDonald ; et les conceptions que se font bien des gens de la personne du Christ doivent être aussi éloignées que cela de la vérité, quelle que soit la vérité.

Il est du reste tout à fait faux de dire que la foi de l'Église apostolique est une affaire de croyance *en* une personne, en l'opposant à la croyance *que* quelque chose est vrai. Le tout premier credo des chrétiens se trouve dans le Nouveau Testament : « Je crois que Jésus est le Messie, le fils de Dieu »[1]. C'est tout aussi propositionnel que n'importe quel credo ultérieur ; et la preuve que cela joue un rôle dans l'Église naissante est admirablement exposée dans le chapitre 43 du *Léviathan* de Hobbes.

Pouvons-nous croire par la foi que Dieu existe ? C'est une question à laquelle nous ne devons pas nous empresser de répondre par la négative si nous soutenons qu'il est possible de croire, et même de savoir, que Dieu existe, sur la base d'arguments rationnels indépendants de la foi. Même si nous soutenons cette affirmation (comme je le fais), on peut avoir besoin d'accrocher la croyance en l'existence de Dieu à la foi quand on est trop malade, trop fatigué ou rendu trop perplexe par les arguments des

---

1. *Jn*, 20, 31. On peut penser aussi à *Mt*, 16, 16 (N.d.T.).

incroyants pour être capable de redonner ceux en faveur de l'existence de Dieu. Mais peut-on *parvenir* à la croyance en Dieu par la foi ? S'agissant de cela, les gens ont l'impression d'une difficulté, parce qu'ils ont peur de tourner dans un cercle vicieux ; c'est-à-dire, croire dans la Bible parce que c'est la parole de Dieu, qui est la Vérité, et croire qu'il y a un Dieu qui est la Vérité parce que la Bible le dit. Mais je crois que le cercle peut être brisé et la difficulté surmontée.

Pour commencer, il n'y a certainement rien d'irrationnel à faire appel à l'aide de Dieu sans croire déjà ou savoir que Dieu existe. Un homme perdu sur une montagne ou dans un bourbier a bien raison d'appeler à l'aide sans savoir ou même croire qu'il y a un autre voyageur à même de l'aider et souhaitant le faire ; il ne recevra aucune aide à moins qu'il appelle, et sans aide il périra. Et, quoique l'histoire des origines qui justifie l'expression « Péché originel » relève de la dogmatique chrétienne, le fait qu'elle désigne est quant à lui écrit en grandes lettres dans les pages de notre histoire ; c'est clair pour tout le monde[1], ne pas lire c'est s'aveugler volontairement. (Les livres historiques de l'Ancien Testament sont repoussants s'agissant de l'homme après la Chute parce qu'ils montrent sèchement comment sont les hommes, sans atténuation ou condamnation explicite ; je pense que Schopenhauer, Thucydide, que « peu d'hommes ont aimé », et Thomas Hobbes sont haïs pour la même raison.) Y a-t-il le moindre espoir, sauf celui dans la miséricorde gratuite d'un Dieu ?

---

1. L'expression anglaise utilisée par Peter Geach, « who runs may read », renvoie, me semble-t-il, au *Livre d'Habakkuk*, 2, 2, dans l'Ancien Testament (N.d.T.).

C'est bêtement méchant de se gausser de ce que dit le sceptique : « Ô Dieu, s'il y a un Dieu… »[1].

Laissez-moi passer à une autre parabole, celle d'un homme dans une situation désespérée. Un homme en prison, ne sachant pas ce qu'il va advenir de lui, reçoit ce qui se présente comme un message d'un inconnu qui veut l'aider. On lui dit comment prendre contact et on l'assure d'une aide, s'il veut bien seulement répondre. Bien sûr, la lettre *peut* être écrite par un directeur de prison farceur ou même par un ordinateur programmé pour le faire ; mais il n'y a rien d'insensé pour le prisonnier à y croire, même s'il ne dispose d'aucune donnée indépendante au sujet de l'existence d'un ami inconnu ; il n'y a rien de stupide à affirmer que l'ami doit exister et doit avoir écrit la lettre, parce que la lettre le dit ! Sa croyance peut être récompensée et confirmée par d'autres messages, et même par ce qui s'avèrera être une fissure dans le mur de la prison et à travers laquelle la lumière du jour s'entrevoit ; ce qui, Sir James Stephen[2] le disait, promet bien plus que le meilleur éclairage fourni par les autorités de la prison.

La foi requiert-elle que nous acceptions des mystères, des dogmes que personne ne comprend complètement ? La tradition chrétienne soutient que nous le devons, et je défends cette tradition ; mais elle ne doit pas être défendue pour de mauvaises raisons. La forme de l'*argumentum ad ignorantiam* qui nous demande d'accepter des dogmes simplement et seulement parce que nous sommes dans une complète confusion quant aux termes utilisés existe malheureusement ailleurs que dans la méchante caricature qu'en donne McTaggart, quand il est demandé à des gens,

---

1. Formule attribuée à Ernest Renan (N.d.T.).
2. Il s'agit de Sir James Fitzjames Stephen, un juge et écrivain anglais du XIXe siècle (N.d.T.).

du fait de leur faiblesse d'esprit, de croire que la Loi des retours en baisse dévore les équations quadratiques pourpres (*Some Dogmas of Religion*, § 54) : je connais seulement trop bien ce qu'il caricature. Il m'est arrivé d'entendre qu'il fallait accepter les mystères de la Trinité et de l'Incarnation parce que nous n'aurions pas la moindre idée de ce qu'est la personnalité humaine et moins encore de la personnalité divine ; de la même manière, il arrive qu'on nous propose de croire à la transsubstantiation en raison de notre ignorance de la substance du pain ou même de ce que signifie la phrase « La substance de ceci ou de cela », et que dès lors si l'Église nous assure, solennellement, qu'une de ces entités inintelligibles a été remplacée par une autre, nous ne sommes pas en position de soulever le moindre doute à cet égard. C'est assez surprenant que des théologiens nous disent que les personnes de la Trinité sont des relations subsistantes ; mais plus encore, j'ai entendu un jour une conférence défendant cette doctrine sur la base du caractère très particulier des relations en tant qu'entités ; en fait, certaines des relations que les choses ont les unes à l'égard des autres ne sont pas réelles, et d'autres le sont ; donc, nous devons trouver crédible qu'une relation puisse être une personne ; les relations sont si particulières et surprenantes que nous ne pouvons pas éliminer cette possibilité par avance !

À mon sens, McTaggart a parfaitement raison de protester si ce qui nous est proposé est cette sorte de confusion ; nous devons être sceptiques jusqu'à ce que la pensée rationnelle nous montre la façon de nous en sortir et ne pas nous imaginer que notre condition sera meilleure si nous acceptons un dogme inintelligible plutôt qu'un autre. Mais il existe un meilleur moyen d'exposer et de défendre la rationalité de la croyance aux mystères qui dépassent notre compréhension ; et je crois que cette façon de les défendre est aussi plus profondément traditionnelle.

Selon cette conception, un mystère de la foi n'est pas carrément inintelligible ; même le plus simple croyant en a une certaine compréhension positive, à laquelle il peut donner un assentiment réel, et cependant même le plus sage théologien sait qu'il a encore infiniment plus à apprendre à son sujet. Le mystère n'est pas le chaos et l'obscurité complète, mais une mer de lumière, la profondeur au-delà de la profondeur. Il y a certes beaucoup de contradictions apparentes ; mais à cet égard nous ne devons pas adopter la maxime du légendaire pasteur écossais à son assistant : regardez-les directement dans les yeux et passez votre chemin ! Au contraire, dès le départ nous pouvons être certains que, comme le disait saint Thomas, les arguments contre la Foi ne sont pas des preuves mais des raisonnements erronés ; si nous avons assez de sagesse, nous serons capables de montrer l'erreur ; il faut la mettre en évidence comme un péché contre les règles non pas de la « raison baptisée » mais de la logique ordinaire. *Credo ut intelligam :* sans l'aventure initiale de la foi les mystères restent opaques de façon permanente ; une fois que nous sommes en route, les mystères illuminent et renforcent l'esprit qui les contemple.

Cependant, la question se pose de savoir si la conviction du croyant que son esprit est renforcé et illuminé par les mystères est sa façon de se duper lui-même. Ici, il vaut la peine de mentionner un fait que le croyant peut bien trouver encourageant. Si ce qui a été dit au sujet des mystères chrétiens est vrai, alors leur connaissance doit améliorer notre connaissance des autres choses, tout comme le soleil, trop aveuglant pour qu'on le regarde, illumine toutes les choses que nous voyons. On peut affirmer que c'est exactement cela que nous trouvons dans les mystères.

En Occident, mêmes les philosophes infidèles ne sont pas tentés de rejeter le concept de personne ; en fait, l'un d'eux a écrit un livre sous ce titre [1]. Les théologiens vous diront parfois que cet usage du concept de « personne » est tout à fait différent de celui qui est en usage dans la théologie trinitaire. Ce n'est pas vrai ; *notre* concept de personne a été forgé par les controverses théologiques sur la Trinité ; et ce terme, qui n'a pas d'équivalent chez Platon ou Aristote, a été défini ainsi dans le contexte de ces controverses par Boèce : « une substance individuelle de nature rationnelle ».

Disons-le encore, la science naturelle des Grecs était fatalement liée à leur façon de considérer les grandeurs intensives, la température par exemple, comme dues à une certaine sorte de mélange d'opposés, disons la chaleur et le froid. Notre concept de grandeur intensive n'a pas été d'abord élaboré pour répondre aux exigences de la physique mais pour répondre à celles de la théologie ; une grâce plus grande ou une plus grande charité ont été expliquées en termes d'un plus dans la même qualité, qui pourrait varier continûment en plus ou en moins sans aucun mélange d'opposés. (Aristote avait déjà saisi un cas particulier de ce concept, l'intensité lumineuse, et rejeté l'idée qu'une lumière plus forte signifie une lumière avec moins de noirceur en elle ; mais comme Richard Robinson le souligne avec raison, saisir un cas particulier d'un concept est très différent de saisir le concept lui-même, et la physique d'Aristote est tout aussi dominée par un discours sur les conflits entre opposés que n'importe quelle autre physique des Grecs.) Il est possible de ne pas bien réaliser que cette idée d'intensification et de diminution des formes a pu

1. On peut penser qu'il s'agit d'A. J. Ayer, *The Concept of a Person and Other Essays*, London, Macmillan, 1961 (N.d.T.).

sembler paradoxale à une époque ; c'est celle du changement dans une qualité et non pas d'une espèce de qualité
à une autre ; cette qualité reste la même qualité et pourtant
elle change ! L'Église avait besoin d'un tel concept pour
combattre les Manichéens ; mais une fois élaboré, il pouvait
servir pour penser, par exemple, l'intensification et la
diminution de la vitesse, et depuis les spéculations médié-
vales à ce sujet nous pouvons tracer une ligne continue
jusqu'à la pensée de Galilée et au développement imposant
de la science moderne. Les théories de l'électricité, de la
thermodynamique et de la gravitation seraient impossibles
si nous en étions encore aux idées d'une guerre des opposés !

Je pourrais donner bien d'autres illustrations : je vais
brièvement en esquisser seulement une. J'affirme, et j'espère
le prouver à des personnes qui sont neutres, que saint
Thomas, un théologien, était plus sensible à certains points
de logique formelle que Guillaume d'Ockham, qui a écrit
des traités de logique. La raison en est que saint Thomas
avait besoin d'un apparat logique qui, dans la théologie
de la Trinité et de l'Incarnation, ne l'égarerait pas. Ockham,
en revanche, était prêt à dire que des syllogismes par
ailleurs formellement valides étaient susceptibles d'être
rejetés si on les utilisait pour traiter de la question de la
Trinité ou de l'Incarnation : une thèse que saint Thomas
aurait rejetée avec dégoût – en lui rappelant la théorie des
deux vérités qu'il combattit si vaillamment.

Je pense ainsi que la défense de la thèse selon laquelle
l'esprit de l'homme occidental a été illuminé et renforcé
par le travail intellectuel d'élucidation des mystères de la
foi peut très bien être défendue ; ce qui suggère, certes sans
le prouver, que Dieu illumine l'esprit du croyant comme
le Soleil éclaire la Terre, même s'il brille trop pour une
vision directe.

Tu es la Vérité ; seule ta Parole
Peut donner la vraie sagesse ;
Elle seule peut magnifier l'esprit
Et purifier le cœur[1].

La solidité de la vertu de foi est testée par la résistance dans la vérité, une fois qu'elle est reçue, malgré toutes les tentations. En dépit de l'évidence contraire apparemment décisive, l'homme de foi doit agir comme le héros d'une histoire d'amour ; il dit à sa bien-aimée, quand son innocence a été triomphalement reconnue : « j'ai toujours cru à votre innocence, même quand je savais que vous étiez coupable ». *A fortiori*, il doit rester ferme quand il est assailli non pas par des doutes apparemment rationnels mais par les contingences de la vie faisant apparaître son credo trop bon ou trop mauvais pour être vrai. La prospérité donne l'impression que Dieu est superflu, l'adversité rend son existence apparemment peu crédible. Mais la vérité à son sujet ne peut pas changer avec ces accidents : que des choses nous soient données ou enlevées n'est pas pertinent. Si les juifs pouvaient encore louer leur Dieu malgré Titus et Hadrien, ils le peuvent encore malgré Hitler ; si les chrétiens pouvaient croire en Dieu après la guerre de Trente ans, ils peuvent encore croire en Dieu après la guerre d'Hitler. On peut prendre en pitié un individu quand sa foi est détruite par des événements aussi terribles – sans la grâce de Dieu, cela aurait pu m'arriver ! Mais aucun respect n'est dû à des auteurs de livres d'humeur qui en appellent à une nécessaire « révision déchirante » du fait des horreurs qui nous furent proches dans l'espace et dans le temps ; de tels discours, malgré leur solennité, n'ont rien de sérieux. Le monde a toujours compris bien des choses graves, mais la vie des saints et la voix des prophètes ont toujours brillé comme des bougies dans l'obscurité.

1. Il s'agit d'un hymne (N.d.T.).

CHAPITRE III

L'ESPÉRANCE

Dans le premier chapitre, j'ai esquissé l'examen de la nature des sept vertus et l'explication de la façon dont les hommes ont besoin d'elles ; j'ai fait une distinction entre les quatre vertus cardinales et les trois vertus théologales en fonction des preuves de leur nécessité. Une réponse appropriée à la question de savoir ce pour quoi les hommes sont faits et quelle fin ils doivent viser n'est pas requise s'agissant de montrer en quoi on a besoin des vertus cardinales ; avec seulement un peu de réflexion, on s'aperçoit que, de fait, dans un monde comme le nôtre – avec ses perplexités, ses tentations et ses dangers – nous avons besoin des vertus cardinales pour toute fin d'une certaine importance et valeur. De plus, il est nécessaire de reconnaître que les créatures rationnelles sont ainsi faites que parvenir aux fins auxquelles elles sont destinées par nature dépend, au moins en partie, du choix qu'elles-mêmes font d'y parvenir ; il est raisonnable de faire cette affirmation, même s'agissant de conceptions très variées de ce qui constitue la finalité pour l'être humain.

Que les hommes aient besoin de la vertu d'espérance est une doctrine reposant sur une conception particulière de la finalité dernière de l'homme. En parlant de l'espérance comme d'une émotion, les scolastiques nous disent que son objet est le *bonum arduum* : un bien possible à atteindre, mais non sans difficulté et restant toujours précaire. Beaucoup de gens ont soutenu que tous les hommes, un jour ou l'autre, parviennent à la fin pour laquelle ils sont faits, et d'autres ont cru qu'un homme peut dans cette vie en venir à être complètement certain qu'il y parviendra par lui-même. Dans les deux cas, il pourrait y avoir là une certitude excluant l'espérance. Ou encore, on pourrait soutenir que les hommes, au fait des circonstances, sans aucune faute de leur part, peuvent ne pas parvenir à leur fin dernière ; et si c'était vrai, cela ferait une différence radicale avec l'espérance que nous avons. L'enseignement de la foi est que tout homme a réellement une chance de salut – une grâce suffisante, dans le jargon théologique – et aucune contrainte ne lui fait manquer sa fin dernière, sans qu'il soit coupable en se laissant aller à des tentations qui le conduisent au-delà de sa capacité de résistance ou dans des dilemmes desquels il n'a aucun moyen de se sortir ; d'un autre côté, personne dans cette vie ne peut être assuré du salut, à tel point qu'il n'aurait plus à craindre la chute, et personne ne peut, en toute tranquillité, négliger une offre de grâce offerte, parce que cette chance une fois perdue peut s'avérer avoir été la dernière.

De plus, même si personne ne sera tenté au-delà de sa capacité de résistance à moins qu'il ne se livre lui-même de façon coupable à la tentation, également personne ne peut être assuré que des sévères tribulations lui seront épargnées. La valeur qu'on en est venu à donner à l'expression « vertus héroïques » est l'une de ces choses que le Screwtape de C. S. Lewis[1] peut tenir comme un triomphe

---

1. C'est une allusion au livre de C. S. Lewis, *The Screwtape Letters*, publié en 1942, et traduit en français par É. Huser sous le titre *Tactique du diable*, Basel, Brunnen Verlag, 1980. Screwtape est un diable émérite. Une Section Philologique diabolique, dont il est question dans la lettre XXVI des *Screwtape Letters* de C. S. Lewis, s'occupe de pervertir le langage (N.d.T.).

de la Section Philologique : certains pensent maintenant qu'une vertu héroïque n'est certainement pas exigée de gens ordinaires comme eux. La vérité, rude et manifeste, est qu'on peut avoir à choisir entre faire quelque chose d'extrêmement répugnant, difficile ou dangereux, et faire quelque chose d'extrêmement cruel ; je reviendrai sur ces questions dans les derniers chapitres. Si par le choix du diabolique dans une situation d'urgence, on peut tout perdre pour toujours, alors il ne faut pas être sûr de pouvoir l'éviter, mais avoir seulement confiance que c'est possible. Comme le dit cette formule pour temps de guerre, si tout dépend de moi et que moi je dépends de Dieu, alors je peux croire, en toute confiance, que mes efforts *peuvent* me faire parvenir au salut, mais un sens de ma propre infirmité m'empêche d'être confiant que mes efforts me *feront* parvenir au salut. La vertu d'espérance assure une voie entre désespoir et présomption.

S'agissant de ceux qui sont perdus, j'ajoute quelque chose sur la dernière possibilité manquée, la dernière grâce négligée. D'une part, la chance peut venir bien tard et cependant n'être pas manquée : le Maître miséricordieux donnera une pleine récompense pour une heure de travail dans la vigne. Mais il y a peut-être une autre chose à cet égard ; il est possible qu'un homme perde sa chance quand il est jeune, et vive encore jusqu'à sa vieillesse d'une vie satisfaite et réussie dans le monde, alors même qu'aux yeux de Dieu il est mort. Si un homme s'est ainsi perdu, c'est qu'une chance a été la dernière ; et pour l'éternel le temps qui passe n'est rien – et cela, aussi bien si un homme saisit une chance dans sa chute, ou s'il la rejette pour toujours dans sa jeunesse pour devenir dur, satisfait, mondain. À cette pensée, nous devrions avoir peur, mais non pas désespérer ; l'homme qui peut ainsi avoir perdu sa dernière chance n'est pas de la sorte des hommes qui, comme Cowper, deviennent fous à la pensée qu'ils l'ont perdue.

J'ai peu à ajouter au sujet de la vertu d'espérance ; mais il y a plus à dire au sujet de l'espérance elle-même, au sens de ce pour quoi il y a une espérance. La foi, comme je l'ai dit déjà, est une affaire de décision individuelle : « je crois », et non de « nous croyons », comme des nouveaux rédacteurs du Credo, à la mode d'aujourd'hui, le prétendent ; la foi au nom de quelqu'un d'autre est une idée qui présente bien des difficultés. Mais ce que la foi apprend au croyant à rechercher n'est pas seulement son propre salut mais un salut général : le juste royaume qui n'aura pas de fin, la résurrection des morts (« mort » est au pluriel dans les langues qui ont cette inflexion[1]) et la vie du monde à venir. Ceux qui dans cette vie se sentent volontiers, et de tout cœur, solidaires de la vieille race des hommes, peuvent s'attendre à ce qu'ils périssent tous : eux-mêmes sont sur la large voie conduisant à la destruction ; celui qui par une obéissance individuelle de foi se détourne de la volonté mauvaise, réapparue encore par sa naissance même, ne va pas tout seul vers l'Unique et peut ainsi espérer partager la communion des Saints.

Dans le reste de ce chapitre, je vais développer ce thème, comme le disaient les anciens prêcheurs. Ce ne serait pas approprié à ce chapitre de multiplier les références aux Écritures et à la Tradition pour montrer que tel est bien le contenu de l'espérance dans ce que dit l'Ancien Testament comme dans le Nouveau, depuis les promesses des Patriarches et au-delà. Dans la mesure où le caractère et la nécessité de l'espérance ne peuvent pas être établis par la seule raison, comme on pourrait le faire pour les vertus

---

1. Ce qui n'est pas le cas en anglais (N.d.T.).

cardinales, inutile de faire cette démonstration : on se contentera d'une clarification et de répondre aux objections. Ce que je vais essayer de montrer est que tout autre espoir, pour les individus ou pour l'humanité en général, est dépourvu de tout fondement : sans cette espérance, toute espérance est vaine.

Je commence alors avec l'espérance des individus. La première vérité à saisir à cet égard est l'absence de tout fondement de la vision du monde naturaliste, selon laquelle l'homme est seulement un animal supérieur avec des pouvoirs évolués grâce auxquels il satisfait ses besoins dans son environnement. Dans le chapitre précédent, j'ai esquissé brièvement un argument contre le naturalisme : les simples descriptions que nous utilisons régulièrement pour le comportement linguistique et volontaire des hommes ne peuvent être dérivées, logiquement, du contenu des théories scientifiques qui suffisent pour la description des créatures irrationnelles, et donc aucune conception naturaliste du comportement linguistique et volontaire ne peut logiquement être acceptable. Certains s'en sont aperçu, et désespérément ils attendent le moment où les sciences de la nature auront progressé à ce point que la pensée sérieuse ne portera plus sur les mots que les personnes emploient, leurs opinions, projets et intentions, mais seulement sur des états et des événements physiques et physiologiques ! Ces odieuses façons de parler seront simplement retirées de l'usage, comme le discours portant sur la sorcellerie et la possession diabolique. Ce n'est bien sûr qu'un vœu impie, et il n'y a pas l'ombre d'une raison de s'attendre à ce qu'il se réalise ; et pour le moment, celui qui propose cette conception ne fait guère que formuler sa thèse et ne peut attaquer celle de son adversaire sans utiliser les notions qu'il entend chercher à éliminer.

Dans le chapitre précédent, j'ai fait référence au double langage de Quine, inspiré une fois par la muse aimable et une autre fois par la muse sévère. Afin de s'extirper vraiment des difficultés que le naturalisme doit présenter à un homme muni d'une conscience logique, il suffit d'examiner dans la doctrine quinéenne la manière dont l'engagement existentiel est exprimé par l'usage de quantificateurs et d'outils équivalents. Je n'ai rien à dire contre cela en tant qu'élément d'une théorie logique : mon désaccord avec Quine est simplement marginal, et je suis à ses côtés contre les critiques qui voudraient voir le chaos revenir, et que nous perdions les gains de la tradition frégéenne et russellienne que Quine défend. Un engagement existentiel n'est pas compris dans un langage mais dans une théorie : une distinction simple, mais souvent brouillée. (Un langage contient normalement les contradictoires de tous ses énoncés ; mais une théorie, c'est à espérer, ne contient pas les contradictoires de toutes ses thèses.) Or, l'engagement d'une théorie, à son tour, est en réalité celui d'un théoricien : l'engagement existentiel porte sur ce que M. A a *dit* exister, ou ce que M. A dirait qu'il existe si seulement il était consistant. Même si j'avais tort à ce sujet, l'engagement existentiel concernerait encore ce qui est *dit* exister par une théorie considérée comme un ensemble d'énoncés.

À cet égard, cependant, la théorie logique de Quine ne s'accorde pas avec son naturalisme. Celui-ci l'oblige à soutenir qu'aucun sens précis ne peut être donné au verbe « dire » (qui est incorrigiblement intentionnel) ; et cela pas même si nous en venions à prendre le sens impersonnel de « dire » comme fondamental – le sens dans lequel des énoncés, et non pas des hommes, disent des choses. Le triste résultat est que l'arme de Quine contre l'obscurité ontologique perd de son tranchant ; il lui est *impossible* dans la discussion de rendre clair ce qu'il veut dire par engagement ontologique, parce que cela signifierait donner la prééminence à une notion que la muse sévère bannirait ; or, de cette obscurité seuls bénéficient les ennemis de la clarté.

Ces considérations à partir de la philosophie de la logique peuvent fort bien peser plus pour moi que pour des auditeurs dont les pensées portent sur des sujets moins « abstraits » ; même si je dois dire que cela illustre l'importance que McTaggart et aussi bien Wittgenstein accordaient à ce genre de problèmes. Mais j'en viens à un problème plus simple : le poulet de Russell, qui est nourri tous les jours et auquel, un jour, on coupe le cou. L'exemple met en évidence la différence entre la vérité et la valeur de survie des espérances. L'habitude inductive du poulet le trahit à la fin, mais pour autant il n'en a pas moins propagé son espèce, dont les espérances seront également imparfaites d'un point de vue intellectuel mais tout aussi utiles. Supposons (*datur, non conceditur*, comme il serait dit dans une dispute scolastique) que les pouvoirs intellectuels et les habitudes inductives des hommes soient le produit de la sélection naturelle : cela garantirait qu'il s'agit là du type de fiabilité que possèdent les espérances du poulet de Russell, et aussi du degré de fiabilité de telles espérances. Toute extrapolation de grande envergure à des régions de l'espace et du temps très distantes de nous, au microscopique ou ultra microscopique, va comporter des inductions qui pourraient très bien s'avérer follement dépourvues de fiabilité, sans pour autant qu'elles soient faites au détriment de la survie de la race humaine. La conception naturaliste de la raison pour laquelle nous devrions avoir confiance dans nos procédures inductives est donc tout à fait insuffisante : en fait, elle est suicidaire, parce que sans la confiance dans une extrapolation de grande envergure on n'aurait pas la moindre raison de croire l'histoire selon laquelle des créatures rationnelles ont évolué par la sélection naturelle.

Les gens sont souvent excités aujourd'hui par le projet de produire la vie dans un laboratoire à partir de matériaux non vivants ; c'est une idée répandue que si on y parvenait, ce serait un coup mortel porté à la croyance en un Créateur et *a fortiori* en une religion révélée. L'idée ne peut avoir germé qu'à partir d'une ignorance crasse de l'histoire des sciences : au Moyen Âge tout théologien qui comptait croyait que la radiation solaire générait la vie à partir de matériaux inanimés ; et cette thèse a été finalement réfutée s'agissant du commencement de la vie dans l'état présent de la Terre ; cette réfutation fut le travail d'hommes comme Pasteur et Tyndall, au siècle dernier [1]. Pour la pensée médiévale, le fossé qui pouvait seulement être franchi par l'intervention divine ne passait pas entre le vivant et l'inanimé, ni entre la conscience et l'absence de conscience, mais entre des créatures rationnelles et des créatures irrationnelles. Je ne pense pas qu'il y ait quelque raison que ce soit aujourd'hui de penser autrement – alors que c'est à la mode.

C'est à ce sujet qu'on nous parle de la grande probabilité pour que de nombreuses autres planètes soient habitées par des créatures rationnelles. La vie doit apparaître, nous est-il expliqué, partout où les conditions physiques pour la vie sont favorables ; et il doit y avoir tant de planètes sur lesquelles la vie est apparue que, sur des millions d'entre elles, des êtres rationnels ont dû évoluer par sélection naturelle. Pourtant, ce n'est pas ainsi qu'apparaissent

---

1. C'est-à-dire au XIXᵉ siècle (N.d.T.).

les créatures rationnelles : que l'une d'entre elles naisse est strictement miraculeux – cela excède tous les pouvoirs d'une nature infra-rationnelle. Les humiens protesteront que c'est seulement à partir de l'expérience que nous pouvons dire quels sont tous les pouvoirs d'une nature infra-rationnelle ; et l'expérience ne fonde pas la thèse qu'une nature infra-rationnelle ne produit aucun être rationnel – nous voyons le contraire tous les jours, dès qu'un être humain en bonne santé nait de l'union d'unités vivantes infra-rationnelles. Toutefois, un miracle quotidien n'en est pas moins un miracle : le nombre de messes dites tous les jours ne diminue pas la merveille qu'est, certainement, la Transsubstantiation.

J'ai montré comment on peut dire avec une précision logique en quel sens l'apparition d'une créature rationnelle, capable de discours responsable et de libre arbitre, excède tout ce que peut faire une nature irrationnelle. Quand nous entendons parler d'une nouvelle tentative de naturaliser le raisonnement, le langage ou le choix, nous devons réagir comme si on nous disait que quelqu'un a prouvé la quadrature du cercle ou que $\sqrt{2}$ est rationnel : on peut avoir une légère curiosité – comment a-t-on pu parvenir à dissimuler le sophisme que cela suppose ? Nous ne devons pas le moins du monde être impressionnés par la prétendue production humaine d'une intelligence artificielle par des machines : il n'y a rien de beaucoup plus ridicule que le spectacle d'un homme inférant de l'existence d'une machine qui produit du langage et des calculs – parce qu'elle a été faite pour cela par des personnes, qui l'ont programmé à cet effet – que les êtres humains sont eux-mêmes, fondamentalement, des machines de cette sorte, si ce n'est que leur origine pourrait être expliquée sans recourir aux notions de plan et d'intention.

Il est ainsi raisonnable de croire que les créatures rationnelles qui vivent ici ont avant tout trouvé leur origine dans une intervention divine spéciale, et que c'est toujours le cas, tous les jours. Que les créatures rationnelles soient nombreuses ou non, elles sont les objets d'une intention divine spéciale ; qui plus est parce que ce qui arrive dans le monde, par la permission de Dieu, dépend non seulement de la volonté de Dieu, mais des volontés de ce que Sir Leslie Stephen appelait les millions de petites causes premières. S'il y a quelque part ailleurs des animaux rationnels, ils sont bien heureusement fort loin de nous, et ce que cherche leur Auteur à leur sujet n'est pas notre affaire mais la leur : « Qu'est-ce que cela peut te faire ? Toi, suis moi »[1]. (Je dis « bien heureusement » pour beaucoup de raisons : pour le moment, il est suffisant de remarquer que ceux qui prétendent considérer les dauphins comme des créatures rationnelles douées de langage pensent néanmoins qu'ils peuvent faire avec elles des expériences comme avec des bêtes.) Quoi qu'il en soit, les autres créatures rationnelles, pas plus que les hommes, ne trouvent leur origine dans les créatures irrationnelles au terme d'un simple processus naturel.

La dignité des créatures rationnelles, ainsi définies, doit déterminer ce qui, en fonction de leur fin dernière, peut être dit de l'objet approprié de l'espérance. Il est raisonnable de penser ainsi le dialogue entre Dieu et ses créatures rationnelles : elles devraient se tourner vers Dieu en lui demandant quelque chose, comme un homme le fait avec un ami, dans l'attente que, du fait même de la demande, les contingences de la Nature seront ordonnées autrement que si rien n'avait été demandé ; et qu'aussi Dieu, en retour,

---

1. *Jn* 21, 22 (N.d.T.).

guidera leur route dans le monde, en leur faisant connaître ses commandements et ses promesses. J'ai déjà parlé de la prière rogatoire ailleurs. Ce qui doit maintenant être dit est que les commandements de Dieu et aussi bien ses promesses n'ont pas à être connues des hommes par une révélation spéciale : c'est aussi à la raison naturelle de l'homme que de tels commandements sont donnés et de telles promesses faites.

Les espérances au sujet du futur seraient chaotiques sans la confiance dans les promesses de Dieu dont les intentions ne changent jamais, qui est tout-puissant dans l'exécution de sa volonté et fidèle à sa parole une fois qu'elle est donnée. Quand les esprits des hommes sont libérés des préjugés et des superstitions, ils peuvent formuler certains standards d'espérance rationnelle, aussi bien au sujet des régularités qu'au sujet de ce qui, vulgairement, est appelé le hasard. Mais il n'y a pas de garantie logique pour soutenir qu'il est certain ou probable que sur la route de notre vie la Nature se conformera à nos standards ; pas plus qu'il n'est psychologiquement nécessaire pour nous d'adhérer à ces standards – d'autres cultures ne le font pas ; et on ne peut pas non plus affirmer que nos standards doivent avoir été fiables pour que nous survivions – cette garantie serait tout à fait insuffisante. S'il y a un Dieu dont la sagesse créative se reflète imparfaitement dans notre propre raison, et si la Providence contrôle à la fois le cours des événements et les occasions à partir desquelles nous tentons de les anticiper, nous pouvons alors être sûrs que ce qui arrive ne montrera pas que nous étions fous d'avoir confiance dans nos standards de rationalité : mais autrement nous ne pouvons pas être si sûrs. Cette idée peut paraître nouvelle, mais elle est parmi celles qui sans cesse reviennent dans les Écritures hébraïques : les régularités et le « hasard » des événements de la Nature sont ensemble attribuées à la volonté de Dieu, et la confiance de l'homme dans le futur est fondée sur l'engagement de Dieu auprès de l'homme que l'ordre de la Nature ne sera pas troublé.

À la lumière de cette idée, comment regardons-nous la question de savoir si un homme qui meurt reviendra à la vie ? Pour la raison, sans aide de la révélation, la question est fort déroutante. Dieu seul est immortel, au sens où l'existence de n'importe quel être rationnel autre que Dieu dépend de la volonté de Dieu et que, comme on finit un récit, il peut l'arrêter. McTaggart avait sûrement raison en voyant un antagonisme potentiel entre ce qui est recherché quand on entend prouver que Dieu existe et ce qui est recherché en prouvant que les créatures rationnelles sont immortelles ou qu'elles sont, pour une part, immortelles : l'immortalité naturelle, telle que souvent on la conçoit, comporte une restriction du pouvoir de Dieu qu'un théiste ne peut pas admettre. D'un autre côté, l'esprit de l'homme n'est pas attaché aux aspects pratiques de la vie mortelle : cela se voit bien dans la propension à spéculer sur des choses sortant nettement de l'environnement présent et de ce qui y assure la survie ; une propension manifeste même dans les histoires racontées dans les cultures les plus humbles. L'esprit de l'homme ne peut se satisfaire de l'ici et du maintenant, et dès qu'une fois l'idée du Suprême et de l'Éternel lui est présentée, naît alors un appétit pour son appréhension, autant qu'il est possible.

Cela ne doit pas nous conduire trop rapidement à dire que c'est seulement dans une autre vie que mortelle et corporelle que la pleine réalisation recherchée par l'homme peut advenir. Examinons l'attitude d'un homme comme

Anaxagore ou comme Aristote. Même si les hommes sont mortels, ils n'ont pas à se limiter à ce qui ne concerne que cette courte vie. Aristote soutient que nous devons prendre le parti de notre part immortelle ; son terme à cet égard était « *athanatizein* », formé sur le modèle de « *medizein* » qui signifie être un collaborateur des envahisseurs mèdes contre ses propres compatriotes. Il parle d'un homme qui doit appréhender sa propre rationalité comme une invasion de ce qui est immortel et divin dans la Nature, et prendre autant que possible le parti de l'envahisseur, *athanatizein*. C'est la même chose pour Anaxagore, qui voyait le monde comme un ordre, un *kosmos*, imposé par le *Noûs*, omniscient et irrésistible ; Anaxagore soutenait également que nous aussi participons au *noûs*, et aussi que si la vie avait une valeur, c'était par la contemplation de l'ordre des choses. L'attitude est noble, mais elle laisse peu de place pour l'espérance ; nos esprits peuvent savoir que ce Suprême et Éternel, en quoi toute vérité et beauté se concentrent, existe, mais c'est incommensurablement éloigné de la vision et de la jouissance de la bonté du Seigneur.

On pourrait répliquer qu'une telle vision et jouissance est possible en cette vie, et qu'elle est en un sens réalisable par l'homme, comme dans le cas d'une plante florissante, et pas moins parce que la mort s'ensuit, pour l'homme comme pour la plante. Nous ne devons pas rejeter cette thèse pour de mauvaises raisons : rappelons-nous du besoin d'éviter la confusion chronique entre les deux sens de « fin » ; la réalisation d'une chose n'a pas besoin d'être son étape finale. Parmi les nombreux membres de la race humaine, une telle union avec le Divin, apportant cette sorte de réalisation, est cependant rarement revendiquée ; et dans la plupart des cas où la revendication est faite, elle peut être rejetée, comme une fraude ou une illusion. L'union avec Dieu par la connaissance et l'amour, *amor intellec-tualis Dei*, doit se manifester par un élargissement de l'esprit et une purification du cœur : mais qui peut être sûr à cet égard que même Spinoza, par exemple, y soit parvenu ? Et nous ne devons pas hésiter à rejeter d'emblée cette revendication quand il s'agit d'hommes dont les vies sont pauvres en vertus, et dont l'enseignement n'est pas, comme chez Spinoza, celui d'une discipline intellectuelle, mais plutôt la manifestation des ténèbres.

Le résultat est que l'espoir d'atteindre la fin de l'homme apparaît mince, si on se limite à son cheminement dans cette vie mortelle. Au sens où j'ai parlé des promesses ou des engagements naturels de Dieu, je ne vois pas non plus en quoi il y aurait une promesse ou un engagement naturel de Dieu au terme desquels si un homme meurt il vivra de nouveau. Le cours de la nature, dans lequel du fait des promesses de Dieu naturellement connues nous pouvons avoir confiance, ne nous donne aucune raison ni aucune trace de raison d'espérer en cette vie nouvelle.

Les hommes meurent, c'est certain : ils meurent réel-lement ; ce qui ne consiste pas, pour un ego immortel et sous-jacent à retirer de vieux vêtements. (Il est remarquable combien il est rare que des hommes, même de parfaits platoniciens ou aussi des matérialistes confirmés, puissent en venir à regarder le corps mort d'un ami comme un simple déchet en décomposition, à l'instar d'un manteau mangé par les mites, qu'on enverrait simplement à la décharge municipale.) Même si quelque chose de moi survit dans une âme séparée, « mon âme ce n'est pas moi »,

comme disait saint Thomas[1] : mon âme ne pourrait pas
faire bien des choses que je peux faire. La notion même
de survie d'une âme séparée, et la survie individuelle et
distincte de tant d'âmes séparées, soulèvent des difficultés
redoutables – de nombreux philosophes l'ont remarqué.

J'ai déjà examiné de tels problèmes dans *God and the
Soul* : je vais ici développer des idées supplémentaires.
L'enseignement chrétien traditionnel a été que l'âme, après
la résurrection générale, existe incorporée, mais qu'entre
la mort et la résurrection, désincarnée, elle se montre, dans
cet état de séparation, capable de différents actes mentaux.
Je ne souhaite pas m'opposer à cette tradition : mon interrogation porte sur la question de savoir s'il est légitime de
demander, s'agissant d'un homme qui est mort, ce que fait
son âme *actuellement* ; par exemple, est-ce que le Roi
Salomon est déjà passé du purgatoire vers le ciel (à ce
sujet, j'ai entendu dire que quelqu'un a prétendu avoir eu
une révélation privée) ? Ma raison pour soulever ce doute
est que ces questionnements, concernant l'état présent
d'une âme séparée, présupposent une conception à voie
unique de la série temporelle ; or nous avons de bonnes
raisons de rejeter cette conception, indépendamment de
ce qui nous préoccupe ici.

Une raison est donnée dans le chapitre intitulé « Avec
quoi pensons-nous ? »[2] de mon livre *God and the Soul* : il
me semble que les actes de la pensée ne forment pas un
processus continu de changement, un « courant de pensée »,
mais qu'ils sont discrets et habituellement énumérables

1. Thomas d'Aquin, *Commentaire de la 1re épître aux Corinthiens*,
chap. xv, leçon 2, 18-19, § 924, trad. fr. J.-E. Stroobant de Saint-Eloy,
Paris, Cerf, 2002, p. 471.

2. « What do we Think With ? », *God and the Soul*, London, Routledge-
Kegan Paul, 1969.

– le premier, le deuxième, le n-ième – ce qui rend impossible de les corréler avec des instants séparés ou avec des extensions du temps physique mesurées par le mouvement local continu des corps. Je ne soutiens cette thèse qu'au sujet de la pensée, non pas au sujet des processus sensoriels ; à mon sens, ceux-ci peuvent former un courant dans lequel il y a un changement continu qui peut être corrélé avec des processus physiques.

J'en suis venu il y a longtemps à cette doctrine de l'absence de congruence temporelle entre les pensées et les extensions ou moments du temps physique, en lisant ce que dit saint Thomas au sujet de la relation entre les actes mentaux angéliques et le temps physique ; mieux vaut renvoyer à la source, encore que, en signalant initialement cette doctrine, je n'ai pas cité saint Thomas, craignant que certains aient alors contre elle quelques préjugés. Bien sûr, je ne fais pas appel à l'autorité de saint Thomas ; la doctrine doit se recommander uniquement de la raison. Elle se recommande celle de Norman Malcolm, dans un article qu'un jour je l'ai entendu lire : il affirmait qu'on pourrait valablement dire qu'une image mentale se trouve devant l'esprit pendant un temps aussi long qu'il faut à un scarabée pour traverser une table, mais il serait dépourvu de sens de parler ainsi concernant une pensée. Je ne sais pas si Malcolm a publié cet article ; quoi qu'il en soit, sans s'appuyer sur la philosophie thomiste, il a choisi l'illustration du déplacement d'un scarabée, qui donne exactement l'idée d'un temps physique comme mesure d'un mouvement local continu. L'auteur d'une recension de *God and the Soul* m'a attribué la croyance en des « événements non temporels » : naturellement, on ne trouvera dans mon texte ni cette formule ni ce qu'elle veut dire ; je mentionne cette interprétation incorrecte parce qu'elle montre la force extraordinaire du préjugé selon lequel l'ordre du temps doit être simplement unilinéaire, et donc que ce qui n'est pas mesurable temporellement par un mouvement physique continu doit être dit non temporel.

Il y a une seconde raison de récuser positivement la doctrine du temps unilinéaire. Nous avons à rejeter la supposée distinction passant entre le futur comme ce qui réellement va arriver et ne peut plus être changé ou empêché, pas plus que le passé, et le futur qui est simplement ce qui va arriver mais peut quelquefois, par un effort humain, être évité ou empêché. L'adverbe « réellement » est tout ce qui évite au simple énoncé de cette distinction d'être manifestement contradictoire en lui-même, et dans ce contexte – puisque le futur n'est pas encore, quoi qu'il en soit, actuel – le « réellement » n'a pas plus de force logique qu'un coup de poing sur la table. Je ne dis pas que rien dans le futur n'est déterminé et en ce moment impossible à empêcher, et je ne pourrais pas le dire sans contradiction : au contraire, ce que Dieu a promis, dans la nature ou par révélation, ne peut certainement pas être empêché, parce qu'il ne peut ni altérer le fait passé de sa parole ni la reprendre, et rien ne peut l'empêcher de réaliser sa volonté. Mais l'amour terrifiant de Dieu pour la liberté a fait de la volonté de ses créatures la charnière du destin sur laquelle tourne pour nous une porte de possibilité qui peut aussi se refermer pour toujours ; et pour une personne, cela peut-être la porte du Ciel ou celle de l'Enfer. Il n'y a pas une ligne de futur repérable à partir de laquelle est exclue toute possibilité.

Si nous rejetons, comme je pense que nous avons une bonne raison de le faire, la doctrine du temps unilinéaire, alors nous ne pouvons plus sans difficulté prétendre que cela a un sens de demander ce que les âmes des morts font *maintenant*. Il sera peut-être vrai seulement au jour de la résurrection que l'homme vivant de nouveau a eu telles ou telles pensées, celles qui, dans la série temporelle ont un numéro ordinal situé entre la dernière de ses pensées dans son ancienne existence corporelle et sa première après la résurrection. (Cette spéculation a été poussée plus loin par Mary Geach dans un article, « Death and Dreaming », publié dans le Bulletin de Spode House ; à juste titre, selon moi, elle l'utilise par analogie avec les difficultés notoires pour assigner aux rêves une place dans l'ordre du temps physique. Ce qui ne revient bien sûr pas à dire que les expériences traditionnellement attribuées aux âmes séparées sont seulement des rêves qui doivent être rappelés et racontés par les ressuscités ; il s'agit simplement, par une considération supplémentaire, de renforcer l'argument contre le temps unilinéaire.)

Si c'est correct, les problèmes au sujet de l'individuation des âmes séparées, de la place qu'elles occupent, etc., apparaissent dépourvus de fondement : la question de savoir à qui sont des pensées dans l'état intermédiaire est résolue par l'identité individuelle de l'homme qui vit de nouveau. Nous pouvons aussi, de la même façon, écarter les énigmes concernant le sujet de ces pensées, l'âme séparée, et aussi la question de savoir si c'est une substance, un *suppositum*, et si sans être une substance l'âme ne subsiste pas néanmoins. La seule substance individuelle dès lors sera un homme ; le seul véritable problème concernant l'identité substantielle sera celui de savoir comment l'homme qui vient juste de ressusciter peut bien être un seul et même homme – une seule et même personne – que celui qui est mort il y a longtemps.

C'est une étape supplémentaire dans la dé-platonisation de la pensée chrétienne, un travail commencé par saint Thomas. On s'aperçoit combien le christianisme est étranger au platonisme, combien l'espérance platonicienne est différente de l'espérance chrétienne, quand on met en contraste les récits évangéliques au sujet du Christ ressuscité et les derniers mots que Platon met dans la bouche de Socrate dans le *Phédon*. Socrate dissocie l'usage de « je » de toute référence à son corps ; « je » désigne son moi réel, qui s'en va seulement pour une vie immortelle. Mais le Christ ressuscité rassure ses apôtres : « c'est bien moi » – et non un esprit : « un esprit n'a ni chair ni os, comme vous voyez que j'ai »[1]. Le culte romain du Sacré-Cœur est associé à un art médiocre, une dévotion mièvre, une croyance douteuse au sujet de neuf premiers vendredis[2] ; mais la vérité centrale derrière ce culte est que le Christ est maintenant, comme il l'était, vraiment un homme ; le Cœur chargé d'affliction, percé par une lance, peut encore être ému pour ceux qu'il aime ; et nous aussi après la mort nous serons vraiment de nouveau des hommes, car quand il réapparaîtra nous serons faits comme lui et nous le verrons tel qu'il est.

---

1. *Luc* 24, 39 (N.d.T.).

2. Peter Geach évoque ici la croyance suivante. En 1688, au cours d'une apparition à Sainte Marguerite-Marie, Notre-Seigneur Jésus-Christ lui adresse ces paroles : « Je te promets, dans l'excessive miséricorde de mon Cœur, que mon amour tout-puissant accordera à tous ceux qui communieront les premiers vendredis du mois, neuf mois de suite, la grâce de la pénitence finale, qu'ils ne mourront point dans ma disgrâce ni sans recevoir leurs sacrements, et que mon divin Cœur rendra leur asile assuré à leurs derniers moments ». Cette dévotion a été particulièrement forte au moment de la canonisation de Marguerite-Marie, en 1920, sous le pontificat de Benoit XV (N.d.T.).

Sous influence platonicienne, des chrétiens ont souvent regardé l'âme comme naturellement immortelle et capable de béatitude indépendamment du corps ; ce qui a rendu bien difficile d'expliquer pourquoi une âme parfaitement sainte doit s'adjoindre encore un corps à la résurrection. Confrontés à cette difficulté, les hommes ont versé dans deux erreurs opposées : l'hérésie mortaliste des Sociniens, qui rejette toute âme entre la mort corporelle et la résurrection, et l'hérésie d'Hyménée et Philète, que saint Paul compare à une gangrène rampante, la doctrine que la résurrection a déjà eu lieu, que les morts sont déjà ailleurs dans des corps « spirituels ». Les deux erreurs sont mauvaises. La doctrine socinienne conduit à appauvrir grandement la doctrine de la communion des saints ; l'autre doctrine, très à la mode aujourd'hui, est comme la doctrine platonicienne, à laquelle elle est préférée par beaucoup, une simple corruption du christianisme par la philosophie, et ainsi une tromperie vaine. Les Sociniens ou leurs successeurs modernes, comme les Christadelphes, en restent au moins à l'objet traditionnel de l'espérance ; la doctrine selon laquelle par la mort on accède à un autre monde dans un corps spirituel est une fiction philosophique incohérente.

La doctrine de la résurrection – d'hommes vivant encore comme hommes – est bien sûr elle-même assaillie de problèmes concernant l'identité. Mais ils ont été perversement exagérés par certains philosophes, notablement par Anthony Flew, qui préfère toute une panoplie philosophique plutôt que de se convertir à l'idée que l'on puisse revenir d'entre les morts. Lazare n'est pas, il ne peut pas être, la même personne ; ou alors il n'a jamais été mort, même s'il puait déjà. J'ai entendu cette dernière possibilité soutenue par un disciple moderne d'Hyménée et de Philète ;

pour lui, la doctrine qu'un homme puisse vivre de nouveau en tant qu'homme était si repoussante qu'il voulait qu'on rejetât l'idée de comprendre Lazare comme un homme vivant de nouveau en tant qu'homme ; Lazare ne serait pas réellement mort, pas « métaphysiquement ». Pour en revenir à Flew, je peux seulement proposer que sa propre attitude soit caractérisée comme une « bouderie conventionnaliste » – une expression qu'il utilise par ailleurs avec humour. Confronté à Lazare, vous pouvez évidemment *dire* qu'il n'est pas le même homme ou *dire* qu'il n'a jamais été mort ; il ne s'ensuit pas que vous puissiez le dire raisonnablement.

Lazare est un exemple, clair et sans problème, de vie après la mort : l'histoire est difficile à croire, mais pas difficile du tout à comprendre. D'autres cas peuvent créer des difficultés. J'ai montré dans *God and the Soul* que la mémoire ne peut pas être un critère suffisant d'identité personnelle ; il doit y avoir à la fois une continuité causale directe des processus de pensée et une certaine sorte de continuité matérielle pour préserver l'individualité humaine. La dernière exigence soulève d'anciennes difficultés, qui ne sont pas toujours seulement théoriques : l'énigme de saint Thomas au sujet d'un bébé né de parents cannibales et allaité par une mère vivant de chair humaine a eu une sinistre actualité avec la famille Sawney Bean en Écosse à l'époque du règne du roi James VI[1]. Je ne sais pas comment la continuité matérielle peut être préservée dans tous les cas, et je préfère ne pas me mettre à spéculer sur ce sujet.

---

1. Alexander « Sawney » Bean était le chef d'un clan écossais. Il fut exécuté pour meurtre et cannibalisme (de trente à quarante personnes) au XVIe siècle (N.d.t.).

Des cas difficiles, qui compromettraient la notion même d'identité personnelle s'ils survenaient, ne la mettent cependant pas en péril par leur simple possibilité logique (ne l'oublions jamais). Si les hommes ressuscitent d'entre les morts, ce sera parce que Dieu les a ressuscités ; et quoi que nous puissions rêver ou imaginer de cas dans lesquels les identités de deux personnes seraient irrémédiablement brouillées, ou dans lesquels chacune des deux personnes a une raison équivalente, et donc aucune raison pleinement recevable, de revendiquer l'identité d'une personne du passé, nous ne devons pas craindre que notre identité sera ainsi mise en question. Elle est totalement entre les mains de Dieu, et Il ne va pas la gâcher. Si de telles fictions sont simplement faites pour étendre nos pouvoirs spéculatifs, c'est très bien ; si elles sont avancées comme des objections sérieuses à la doctrine de la résurrection, nous pouvons les écarter avec un sourire, et répondre dans le style de Tommy Traddles, dans Dickens : Ce n'est pas ainsi, vous le savez, et donc s'il vous plaît, ne supposons pas que ça le soit.

Je vais maintenant résumer ce que j'ai dit s'agissant de l'espérance pour un homme individuel. C'est à peine s'il peut y avoir une espérance pour un individu d'atteindre sa fin, si ce n'est dans une nouvelle vie, après celle-ci ; et il n'existe pas la moindre raison d'espérer cette nouvelle vie, si ce n'était la promesse qui en est faite par Dieu – une vie dans le Royaume à venir. C'est ça ou rien.

Je conclus en montrant qu'il n'y a pas non plus d'espérance pour les hommes pris en groupe, si ce n'est cette promesse du Royaume. On ne peut avoir confiance dans les hommes qui sont au pouvoir ; l'homme est un animal sauvage et il ne peut se dresser lui-même. C'est la leçon du péché originel que l'expérience nous enseigne encore et encore, malgré tout notre aveuglement volontaire. C'est une illusion ridicule de notre époque de considérer que la démocratie parlementaire, à sa façon, donnera à tous les hommes la justice et la liberté. Un chrétien ne peut pas être un anarchiste ; les pouvoirs en place sont établis par Dieu, et Dieu gouverne le royaume des hommes. Mais, tout aussi bien, un chrétien ne peut pas avoir confiance dans des députés ou des représentants, pas plus que dans les princes héréditaires ou les aristocrates d'autrefois : on ne doit jamais oublier le mépris de Dieu pour tous les hommes qui gouvernent ; la vérité contenue dans le texte du *Livre de Daniel* : que Dieu établit sur les nations les plus vils des hommes, est confirmée par l'expérience humaine universelle [1].

Ce n'est pas le lieu d'une jérémiade au sujet des nombreux problèmes insolubles du monde. Il faudrait énormément de sagesse et de connaissance pour les résoudre, un pouvoir irrésistible pour faire que les hommes s'engagent dans les changements nécessaires, une vertu incorruptible qui ferait mentir la formule de Lord Acton selon laquelle le pouvoir absolu corrompt absolument. Qu'un quelconque comité des misérables personnes gouvernant aujourd'hui les nations, assisté d'une équipe d'experts scientifiques, et utilisant peut-être un ordinateur extrêmement puissant, pourrait agir de telle façon que se réalise tel idéal messianique, est une idée réellement trop ridicule pour que nous perdions du temps à montrer comment une telle perspective ne peut qu'échouer.

De ce que l'Écriture appelle le royaume des hommes, il n'y a pas d'espérance. En revanche, l'Écriture nous dit que le Royaume de Dieu fut et sera encore. Les Juifs ont

1. *Da*, 4, 14 (N.d.T.).

été choisis pour une unique forme de gouvernement dans laquelle le seul roi et législateur – et le seul propriétaire, tous les hommes n'étant que locataires jusqu'à l'année du jubilé – était Dieu lui-même. Les Juifs n'ont pas voulu que Dieu soit leur Roi ; ils auraient un roi à la manière des autres nations, tout comme maintenant ils veulent une république ; et il y a des Juifs en Terre sainte aujourd'hui pour lesquels une institution républicaine parlementaire est une apostasie, comme le fut la demande de leurs ancêtres d'avoir Saül pour roi. Mais la volonté de Dieu ne peut être contrecarrée par la perversité humaine, et ceux qui le rejettent se font seulement du mal comme un enfant qui frappe le sol.

L'espérance pour l'homme, Juif ou Gentil, est l'établissement du Royaume de Dieu. Des images concrètes et détaillées de la vie dans ce Royaume risquent d'être trompeuses, et je n'essaierai pas de l'imaginer ; mais nous pouvons nous attendre à ce que ce Royaume se réalise, et notre espérance peut seulement être d'y trouver notre place. Il n'y a pas d'autre espérance. Et c'est vers elle, traditionnelle pour le peuple hébreu, que les Juifs et les Gentils se tournent : les pauvres du monde, qui ont longtemps cherché un souverain juste, verront alors que ce qu'ils attendaient n'était pas perdu pour toujours. Comme on le dit à la synagogue :

> Il nous enverra finalement notre messie,
> Pour sauver tous ceux qui espèrent et attendent la fin ;
> Il restaurera finalement la vie des morts :
> Que soit loué son nom glorieux pour toujours.

CHAPITRE IV

LA CHARITÉ

J'ai plusieurs fois attaqué la thèse selon laquelle Dieu n'est pas parfait à moins qu'il n'ait ces attributs tenus, chez un être humain, pour des vertus. Louer Dieu comme s'il avait certaines vertus humaines est vulgaire, Aristote l'a remarqué ; parmi les vertus que j'examine ici, deux d'entre elles, la tempérance et le courage, ne pourraient certainement pas être attribuées à la nature divine qui ne comprend pas de désir corporel, de souffrance à endurer et aucun péril à affronter. Il serait également absurde d'attribuer la foi ou l'espérance à l'Omniscient ; et j'ai montré que ces deux vertus ne peuvent même pas être attribuées par des chrétiens au Christ en tant qu'homme ; car, quoique son esprit humain ne soit pas omniscient, la foi en lui requiert qu'on lui attribue une plénitude et une clarté de connaissance excluant qu'il soit le sujet d'une de ces vertus. Si nous apprenons quelque chose à partir de son enseignement dans les Évangiles, c'est qu'il enseigna avec une autorité absolue, et non pas comme les scribes ; il enseigna comme celui qui a vu et qui sait ; il savait qui et ce qu'il était, à quelle fin il était là sur Terre, comment sa vie terrestre devait finir, quelle joie et quelle gloire étaient à venir.

En raisonnant ainsi je peux bien être accusé d'ignorer des résultats incontestables de la pensée critique, de confusion au sujet des formes littéraires, etc. Mais comme logicien je suis plutôt compétent pour juger de la sorte d'argument que je trouve utilisée par les biblistes critiques ; et mon jugement est que de tels arguments sont très souvent mauvais, parce que si la valeur de vérité des prémisses et de la conclusion est connue indépendamment de toutes les disputes théologiques, des arguments parallèles à ceux des critiques conduiront de prémisses vraies à une conclusion fausse.

Cependant, je n'ai aucun besoin d'examiner les mauvais arguments utilisés par les biblistes critiques ; même s'il faut tout simplement dire que, s'ils supposent qu'ignorer leurs prémisses doit empêcher quelqu'un de mettre en question le passage à partir des prémisses vers une autre conclusion, ils sont incapables de saisir ce qu'est un argument. Je n'ai pas besoin non plus de discuter en quoi ce que disent les Évangiles au sujet des paroles du Christ est fiable ; ce serait hors sujet dans une discussion philosophique. De toute façon, il est clair que des paroles du Christ nous ne savons rien du tout excepté par ce qu'en rapportent les Évangiles. Selon ce qu'ils rapportent, le Christ affirme parler avec une certitude et une autorité absolue. Si, à cet égard, ce que les Évangiles rapportent n'est pas fiable, il s'ensuit deux choses.

Premièrement, dans ce cas il y a un large fossé entre la figure historique du Christ et celle présentée dans les Évangiles : un fossé si large que nous ne pourrions alors savoir ce qu'était l'enseignement réel du Christ que de façon théorique et conjecturale. Nous serions en fait dans la même situation que les spécialistes de Platon cherchant à deviner ce que Socrate a réellement pensé et dit. Le Christ serait alors pour nous une figure de théorie et de conjecture : avoir foi en lui serait tout autant une absurdité que d'avoir foi en Socrate ; il ne serait pas question de croire sa parole ou de suivre ses préceptes ; car, nous ne pourrions avoir aucune opinion bien fondée au sujet de ce qu'il a enseigné ou prescrit si les seuls indices à cet égard étaient aussi peu crédibles qu'en partant de cette supposition.

Deuxièmement, examinons ce qu'il s'ensuit directement si en fait le Christ n'a pas prétendu à la connaissance et à l'autorité comme cela apparaît dans les Évangiles. Dans ce cas, nous sommes simplement tous fous de miser nos vies et nos âmes sur notre croyance dans un enseignement que peut-être il n'a jamais donné sous la forme dans laquelle il nous est parvenu – un enseignement que nous supposons maintenant n'être, en tout état de cause, qu'une expression de ce qu'il pensait ou conjecturait, et non de ce qu'il prétendrait savoir. Que nous ayons la foi requiert aussi, évidemment, que le Christ avait réellement la connaissance, et non seulement qu'il prétendait savoir ; s'il était seulement l'une de ces nombreuses personnes qui prennent des airs d'autorité parce qu'ils ont de fortes convictions dépourvues de fondement, alors nous n'avons en rien à tenir compte de son enseignement.

La foi dans le Christ est une pure absurdité à moins que le croyant ne soit convaincu que ce qu'il croit lui-même, par la foi, le Christ le savait, l'espérance des Évangiles est complètement vaine pour celui qui ne soutient pas que la Gloire, que lui-même seulement espère, est quelque chose que le Christ a vu par avance avec certitude, comme ce qu'il recherchait, et qu'il pouvait en toute foi la promettre à ses vrais disciples. Dès lors, la foi et l'es-

pérance dans le Christ ont un sens uniquement selon l'idée
qui exclut positivement que lui-même possédât ces deux
vertus. Et en tirant cette conclusion, je dis « si » seulement
comme le dit Alice[1] ; je n'ai pas prétendu prouver que la
foi et l'espérance dans le Christ sont justifiées, mais seulement que si elles le sont, une certaine thèse au sujet du
Christ en est une condition *sine qua non*.

Les trois autres vertus que j'examine dans ce livre – la
charité, la prudence et la justice – sont au contraire des
attributs non seulement de la nature humaine du Christ,
mais aussi de sa nature divine. La justice est un concept
embarrassant et multiforme, même appliqué aux hommes
et aux actes humains ; et quoique nous devions attribuer à
Dieu à la fois la justice distributive et la justice rétributive,
cela n'en soulève pas moins de difficiles problèmes. J'y
reviendrai dans le chapitre VI. Pour autant, cela relève de
la justice humaine qu'un homme soit fidèle à ses affirmations et fidèle à ses promesses ; et de telles formes ou
éléments de justice doivent être attribués sans restriction
à Dieu ; car sinon il ne pourrait être question d'une confiance
absolue en une prétendue révélation divine.

« Prudence » et « providence » sont à l'origine deux
formes du même mot latin ; les étymologies sont souvent
trompeuses, mais pas celle-ci. Au début de IaIIae[2], saint
Thomas dit que l'homme se montre à l'image de Dieu en
possédant le libre choix et en étant maître de ses actes : la
sagesse pratique avec laquelle les hommes guident leurs
affaires reflète faiblement la Providence divine qui fait
puissamment tout ce qui advient dans ce monde et ordonne
avec douceur toutes choses ; « tout en restant en lui-même »,

---

1. Il s'agit d'Alice dans *Alice au pays des merveilles* et *De l'autre
côté du miroir*, de Lewis Carroll (N.d.T.).
2. Thomas d'Aquin, *Somme Théologique*, Paris, Cerf, 1984 (N.d.T.).

dit Xénophane, « il fait toutes choses aisément par la pensée de son esprit »[1]. La ressemblance entre les sagesses pratiques humaine et divine a en réalité tant frappé les hommes qu'ils en sont venus à penser que l'homme peut et doit être sa propre providence. Cette idée n'est pas propre aux athées : elle infecte aussi la pensée de personnes s'affirmant chrétiennes. J'en dis plus par la suite.

On peut alors attribuer à Dieu la prudence et la justice ; mais cette attribution dépend de l'idée d'un monde créé pour être organisé providentiellement et gouverné avec justice. Pour la charité, ou l'amour, c'est tout à fait différent. L'amour, c'est simplement ce que Dieu est, et qu'il est éternellement ; avant l'apparition des montagnes, avant que la Terre ou le monde soient faits ; indépendamment de toute créature faite ou à faire ; et bien sûr indépendamment de toute créature contemplée comme une simple possibilité, pas même à réaliser, puisque l'amour envers une personne dont on rêve simplement est une folie réservée aux hommes. Les plus sages penseurs païens, grecs ou romains devinèrent que Dieu est doté d'une vie éternelle et sainte, indépendamment du monde ; la vie éternelle du Dieu des chrétiens est une vie d'amour, mais cette vérité n'annule pas ou ne rend pas triviale la vérité découverte par les païens.

Spinoza nous dit que celui qui aime Dieu ne peut pas désirer que Dieu l'aime en retour. Cette affirmation a naturellement donné naissance à un déploiement de *Schwärmerei* ; ici comme ailleurs – quelle qu'ait pu être la pratique générale des commentateurs de Spinoza – pour savoir ce qu'il veut prouver, nous devons regarder la preuve.

---

1. Xénophane, *Théologie*, fragment 25 (N.d.T.). Voir *Xenophanes of Colophon: Fragments*, J. H. Lesher (éd.), Toronto, University of Toronto Press, 1992.

Pour l'heure, il n'est pas difficile d'exposer avec précision ce que Spinoza veut dire. Il pense l'amour en termes d'un accès de joie par celui qui aime à la seule pensée de celui qui est aimé ; un ami de Dieu aurait un tel accès de joie quand il pense à Dieu ; mais le Dieu immuable ne peut pas être supposé l'avoir en pensant de nouveau à son ami ; un Dieu qui change, je l'ai souvent montré, n'est pas Dieu. Spinoza veut dire que celui qui aime vraiment Dieu ne peut souhaiter qu'il en soit autrement, parce que ce serait souhaiter, au sujet de Dieu, qu'il ne soit pas Dieu. Même s'ils n'utiliseraient pas les termes de Spinoza, il est clair que de nombreux docteurs de l'Église – Augustin, Anselme, Thomas, par exemple – accepteraient à la fois la doctrine de Spinoza sur ce point et la raison qu'il en donne.

La doctrine contraire, que Dieu a besoin de créatures à aimer, car sinon il ne serait pas un Dieu d'amour, ne peut s'être glissée parmi les chrétiens que par ignorance, négligence ou mécompréhension de la doctrine de la Trinité. J'ai le souvenir d'avoir entendu un jour une pieuse dame, catholique romaine, dire qu'elle préférait ne pas penser à la Trinité. Ce qui me rappelle l'histoire de l'archidiacre auquel on demandait ce qu'il pensait lui advenir quand il mourrait ; il répondit : « Je suppose que je jouirai d'une béatitude éternelle, mais s'il vous plaît laissons de côté un sujet aussi déprimant ». Nous pouvons bien supposer – et ce n'est en rien manquer de charité, car il ne peut être question de faire preuve de charité ou non envers des personnages dans une histoire ou des exemples logiques – que le trésor de l'archidiacre était sur Terre et qu'il se mentait simplement à lui-même en pensant que son cœur était ailleurs. Mais la charité m'interdit de juger la dame : elle est ou elle était dans le monde réel. Il est possible qu'elle ait eu peur qu'en pensant à la Trinité elle verserait dans la confusion, mettant en péril sa foi et se jetant dans la tentation. Quoi qu'elle ait voulu dire, ses propos étaient consternants : la Sainte Trinité est *res quibus fruendum est*, comme disait Augustin, *ce* qui est objet de fruition, la nourriture des hommes et des anges sans laquelle ils doivent rester affamés à jamais – et à cela, il vaudrait mieux ne pas penser ? Si la bonne motivation que je viens de suggérer se trouve derrière ses paroles, je n'en pense pas moins qu'elle se trompait : elle aurait dû avoir le courage de la foi et s'élancer vers son Seigneur au-dessus des eaux profondes, comme l'apôtre dont je porte le nom. Et moi aussi, indigne comme je suis, je dois m'élancer.

Je commence par quelques considérations sur la philosophie de McTaggart. J'aurai l'audace de dire qu'après Dieu je dois ce que je suis à McTaggart, car c'est la connaissance de sa philosophie qui a maintenu vivant en moi un désir de l'infini et de l'éternel ; il n'aura pas été éteint par les vents bruyants du monde lors des tempêtes de la jeunesse. Dans *Some Dogmas of Religion*, McTaggart soulève la difficulté de savoir si un Dieu librement créateur peut être une personne. Si Dieu est librement créateur, alors en dehors de lui il n'existe rien excepté ce qu'il choisit librement ; il n'y a pas même des possibilités, mais rien du tout. Et Dieu aurait pu choisir qu'il n'y ait rien du tout. Dans ce cas, montre McTaggart, Dieu serait une personne solitaire sans Autre. Rien de ce que nous savons de ce qu'est une personne n'est même concevable au sujet de Dieu. Nous trouvons seulement des personnes qui sont en relation avec un Autre qui existe indépendamment de leurs choix ; que ce soit dans la jeunesse, dans la maturité ou dans la vieillesse, dans la maladie ou en pleine santé, l'attention à soi-même croît et décroît avec l'attention à un Autre dont on est soi-même distinct. Un esprit pour lequel il n'y a pas un tel Autre indépendant est sûrement inconcevable. À la manière qui est la sienne, comparable à celle d'un juriste, McTaggart ne prétend pas avoir prouvé ce qu'il avance ; mais il présente ce qu'il affirme comme tout à fait solide.

Il est possible que l'argument de McTaggart au sujet de l'attention à l'Autre ne frappe pas les gens parce qu'ils s'imaginent faussement que Dieu se trouve devant tout un ensemble de possibilités, entre lesquelles il doit choisir. C'est une vieille erreur – j'ai déjà parlé et écrit à son propos – et je ne perdrai pas encore du temps à la discuter ; c'est assez de dire que la formule « la possibilité d'un céphalopode rationnel » (par exemple) peut seulement être liée à la même chose que cette autre formule : « la possibilité que Dieu fasse qu'un céphalopode soit rationnel », et cette formule à son tour est une nominalisation de la proposition (qu'elle soit vraie ou fausse) : « Dieu peut faire qu'un céphalopode soit rationnel ». Nous n'avons à faire qu'avec une part du pouvoir tout-puissant de Dieu, non pas avec un céphalopode rationnel possible mais non actuel, ou avec un fait logique auquel Dieu serait confronté.

Dans *La Nature de l'existence*, McTaggart montre de plus qu'une personne solitaire ne pourrait pas aimer. Il est même sur un terrain plus ferme. Il y a une tentative pour expliquer le sens chrétien de « amour » ou de « charité » qui va dans cette direction : elle fait appel à l'inquiétude que chacun ressent à l'égard de lui-même, simplement au sujet de la personne qu'il est, et sans aucune considération de toutes ses fautes ; le chrétien est alors supposé étendre cette sorte d'inquiétude, je suppose aussi largement que possible, aux autres personnes, simplement en tant que telles, sans considération de leurs fautes. (Je crains de ne pouvoir faire rien de plus que cela de ce que C. S. Lewis dit au sujet de la charité dans *Mere Christianity* ; même s'il a écrit ailleurs des choses meilleures sur l'amour.) Je pense que c'est faux du début à la fin ; et que c'est dangereusement faux, parce que cela peut conduire au mensonge, à l'hypocrisie et à l'aveuglement. L'inquiétude pour soi-même d'un homme ordinaire ne mérite pas le nom d'amour : et si c'était de l'amour, l'homme qui pense qu'il essaie d'étendre cette sorte d'intérêt pour sa personne à toutes les autres personnes qu'il connaît se bercerait presque certainement d'illusions ; et c'est le cas sans aucun doute s'il pense qu'il essaie d'avoir cette sorte d'intérêt pour des personnes inconnues.

En réalité, il y a, comme McTaggart l'a remarqué, une attitude émotionnelle spéciale, une sorte d'émerveillement, qu'une personne qui aime a à l'égard d'elle-même, comme porteuse de cette chose précieuse, l'amour ; McTaggart a choisi pour cette attitude un mauvais nom, « la révérence à soi-même » – même si l'idée qu'un homme ressente une crainte à la naissance en lui de l'amour est de toute façon meilleure que l'idée de Kant, ou plutôt du Serpent (il faut rendre à César ce qui lui appartient !), de révérence à soi-même en tant que législateur autonome de la loi morale. Mais cette crainte devant son propre amour n'est pas l'amour de soi, et de toute façon il peut naître seulement de l'amour d'un autre.

Pour des chrétiens orthodoxes, ces deux difficultés – au sujet du besoin de l'attention d'un Autre et de la possibilité de l'amour naissant chez une personne solitaire – n'en sont cependant pas ; elles ne posent de problème qu'à des chrétiens qui tombent ou chutent dans une certaine forme de monarchianisme, ou pour des Juifs rabbiniques avec leur lecture traditionnelle de « *Adonai elohenu, Adonai echad* », ou encore pour des Musulmans. Dans le vieux

langage des Conciles de l'Église, chacune des trois
Personnes divines est un Autre pour chacune des deux
autres Personnes : *alius*, quelque chose d'autre, mais pas
aliud, une autre chose. La vie divine des trois Personnes
n'est rien d'autre que leur amour mutuel éternel.

Certains protesteront que je confonds ici l'usage normal
du terme « personne » et son usage théologique technique.
Je rejette cette objection. Le concept d'une personne, que
nous trouvons si familier dans son application aux êtres
humains, ne peut pas être clairement et nettement exprimé
dans le vocabulaire de Platon et d'Aristote ; il a été forgé
sous le marteau et sur l'enclume des disputes théologiques
au sujet de la Trinité et de la Personne du Christ, et sa
formulation classique est celle de Boèce, qui fut martyrisé
pour la Foi par un empereur arien. (À l'endroit où il est
enterré, traditionnellement Boèce est vénéré comme le
saint martyr Saint Séverin par des gens qui n'ont jamais
entendu parler de ses écrits.) Je crois que le logicien
d'Édimbourg, William Hamilton, disait qu'un bon terme
nouveau est comme une forteresse dominant le pays conquis
sur les forces obscures ; mais ces forces ne sommeillent
jamais et s'appliqueront, avec leur Section Philologique,
à reprendre le territoire perdu.

Le concept familier de personne trouve une expression
linguistique non seulement dans l'usage d'un nom pour
« personne », mais aussi dans l'usage des pronoms per-
sonnels « je, tu, il ». Et c'est aussi le cas quand nous parlons
des Personnes divines. Des conciles de l'Église ont de
façon répétée rejeté la formule : « Celui qui est le Père est
aussi le Fils et le Saint-Esprit », alors qu'ils déclaraient
que *ce qu'est* le Père – Dieu, Tout-puissant, Omniscient,
etc. – le Fils et le Saint-Esprit le sont aussi. Comme la

Préface de la fête de la Trinité[1] le déclare, Dieu le Père
avec son Fils et le Saint-Esprit est un seul Seigneur et un
seul Dieu, mais non pas dans la singularité d'une seule
Personne. Dans les Écritures, « je » et « toi » sont utilisés
pour le discours des Personnes divines les unes aux autres :
« Il me dira, tu es mon Père »[2], « Il m'a dit : Tu es mon
Fils, moi aujourd'hui je t'ai engendré »[3], « Et maintenant,
glorifie-moi auprès de toi, Père, de la gloire que j'avais
auprès de toi avant que le monde existe »[4]. Où il peut y
avoir un discours utilisant « toi » et « je », il peut aussi y
avoir un amour mutuel ; il ne serait pas moins difficile,
mais au contraire plus difficile, de croire que Dieu (comme
le dit un hymne plutôt mauvais) pourrait vivre et aimer
seul. (Ce mauvais hymne était en réalité adressé à la Trinité ;
mais que le mot « Trinité » soit alors utilisé *comme si*
c'était le nom d'une personne solitaire est justement ce
qui fait que cette dévotion n'est pas bonne.)

Si Dieu est en fait trois Personnes dont la vie est d'amour
mutuel, alors ce n'est pas ce que Dieu en vient à être, alors
qu'il aurait pu en être autrement ; c'est ainsi que Dieu est
éternellement et nécessairement, même si, en cette vie,

---

1. Il s'agit de la Préface, c'est-à-dire du début de la Liturgie
eucharistique de la Messe lors de la fête de la Sainte Trinité. Le prêtre
célébrant dit alors : « Avec votre Fils unique, et le Saint-Esprit, vous êtes
un seul Dieu, un seul Seigneur, non dans l'unité d'une seule personne,
mais dans la Trinité d'une seule substance. » (La traduction proposée
n'est pas celle qui est couramment en usage. Voici le texte latin : *Qui
cum Unigénito Fílio tuo et Spíritu Sancto unus es Deus, unus es Dóminus :
non in uníus singularitáte persónæ, sed in uníus Trinitáte substántiæ.*)
(N.d.T.)

   2. *Ps*, 89, 27 (N.d.T.).
   3. *Ps*, 2, 7 (N.d.T.).
   4. *Jn*, 17, 5 (N.d.T.).

cette nécessité, pour notre esprit, est opaque. De nombreuses nécessités sont pour nous opaques, par exemple les réponses correctes aux problèmes dans la théorie des nombres. Certaines façons de présenter la théologie naturelle ont eu, à cet égard, une influence néfaste : on a dit que la raison naturelle peut prouver que Dieu est un et absolument simple, et dès lors il n'y a plus de place pour la distinction des personnes en Dieu. Mais ces prétentions sont excessives pour une part, et radicalement confuses d'autre part.

La confusion radicale concerne le terme numéral « un » comme expression d'un attribut divin. L'erreur a été exposée de façon décisive par Gottlob Frege ; mais pour voir que c'est une erreur nous n'avons pas à entrer dans les doctrines de Frege. Un passage des *Méditations* de Descartes montre très clairement l'erreur. À ce sujet, l'enseignement de Descartes est tout à fait standard si nous considérons les manuels de théologie ; il y a la même erreur dans beaucoup d'autres écrits au sujet de l'unité de Dieu. Descartes examine une objection selon laquelle son idée de Dieu comprend des attributs divers et aurait pu être évitée en collationnant les idées de ces attributs, dérivés multiplement d'une pluralité d'êtres réels, et non d'une unique source divine. Il répond : « Car, au contraire, l'unité, la simplicité, ou l'inséparabilité de toutes les choses qui sont en Dieu, est une des principales perfections que je conçois être en lui ; et certes l'idée de cette unité et assemblage de toutes les perfections de Dieu, n'a pu être mise en moi par aucune cause, de qui je n'aie point aussi reçu les idées de toutes les autres perfections. Car elle ne peut pas me les avoir fait comprendre ensemblement jointes et inséparables, sans avoir fait en sorte en même temps que je susse ce qu'elles étaient, et que je les connusse toutes en quelque façon. »[1] Je pense qu'il n'est pas besoin d'avoir lu Frege afin de faire l'objection que le fait qu'un certain nombre d'attributs aillent ensemble ne peut pas par lui-même être l'une des perfections qui les font aller ensemble ; nous avons ici, sûrement, une différence de niveau ; la justesse de ce que dit Frege peut alors maintenant nous frapper.

Descartes semble n'avoir pas été à l'aise avec ce problème : il dit que sans les attributs qui vont inséparablement ensemble l'unité ne peut même pas être conçue. Cela dit, certains hommes ont été assez fous pour essayer de concevoir l'unité, la simple unité, comme étant ce qu'est Dieu. Mais l'esprit de l'Église a rejeté les délires néoplatoniciens d'Eckhart ; il y a seulement un Dieu, mais Dieu n'est pas l'Un, Dieu est la Sainte Trinité. Ce qui n'est pas incompatible avec le vrai sens de « *Adonai elohenu, Adonai echad* », mais seulement avec la fausse construction donnée à la phrase par la Synagogue : ces mots ne disent pas que Dieu a cet attribut mythique d'unité, mais affirment un commandement : Israël doit prier le SEIGNEUR et non pas les autres dieux.

Qu'il n'y ait qu'un Dieu est formellement affirmatif, mais le contenu est négatif : les termes numéraux, soutient saint Thomas, ne disent rien de positif au sujet de Dieu ; *non ponunt aliquid in divinis*. Contrairement à ce qu'on trouve dans le paganisme grossier, il ne peut pas y avoir une multiplication corporelle des Dieux ; il ne peut pas y avoir non plus, contrairement à ce que propose le paganisme plus subtil, des divinités diverses avec différentes fonctions dans le monde. Certains aspects du paganisme plus subtil ont coloré la pensée chrétienne populaire au sujet des Trois

---

1. C'est un passage de la *Troisième Méditation*, mais Peter Geach ne le précise pas (N.d.T.).

Personnes, comme si elles avaient différentes choses à faire dans la création et le gouvernement du monde. Mais la doctrine théologique courante, c'est que – excepté le fait que seule une Personne est devenue un homme, et excepté les conséquences qui s'ensuivent – toutes les œuvres et les actes extérieurs de Dieu sont communs aux trois Personnes : la grâce, par exemple, réside dans le Père et le Fils, comme saint Jean le déclare, et non seulement dans le Saint-Esprit. C'est justement pour cela, explique saint Thomas, que la raison naturelle, en allant des effets dans le monde à Dieu comme leur cause, ne peut rien nous dire au sujet d'une distinction des Personnes, et doit donc rester silencieuse quant à la question de savoir s'il y a seulement une Personne divine ou, plus exactement, plusieurs (*Summa Theologica* Ia q. 32 a. 1).

Je pense qu'il est ici significatif qu'après ses formules sublimes sur la nature de la Vie divine, Aristote continue en disant : « Que cette nature soit une ou plusieurs, et quel en est le nombre, c'est quelque chose qu'on ne peut pas laisser de côté »[1]. Ce passage est jugé scandaleux par certains et les a encouragés à supposer des strates de composition et des évolutions de la pensée d'Aristote. Un chrétien ne peut en fait pas suivre Aristote en soutenant que le nombre des sphères célestes se mouvant éternellement manifeste le nombre des Êtres divins éternels ; mais il doit affirmer qu'Aristote a eu raison de ne pas exclure, *a priori*, la pluralité du Divin, et qu'il a même eu raison de prétendre que cette pluralité est en quelque sorte manifestée dans le monde : une fois que nous connaissons le nombre des Personnes divines et l'ordre dans lequel elles se tiennent (ce que nous ne pouvons connaître que par

1. *Mét.* L, chap. VIII (N.d.T.).

révélation, doit dire un chrétien), nous pouvons voir rétros-
pectivement quelles structures créées reflètent l'ordre
éternel. Dans ce même chapitre de la *Métaphysique*, après
avoir mentionné la pluralité des mouvants non mus éternels, Aristote insiste sur l'idée qu'il ne peut y avoir qu'un
seul premier moteur éternel, que cette nature-là n'est pas
matériellement multipliable comme la nature humaine.
En conjecturant ici qu'il peut y avoir plusieurs moteurs
éternels partageant cependant une Nature et Vie divine
non multipliable, Aristote atteint la limite même de la
raison humaine s'agissant de Dieu ; pour un chrétien, la
contradiction dans laquelle Aristote se trouve pris ici est
seulement apparente.

Je le répète : Dieu est Amour parce que, et seulement
parce que, les Trois Personnes s'aiment l'une l'autre éternellement. Il est faux que Dieu aurait été Amour de la
même façon s'il avait été une personne solitaire s'aimant
éternellement elle-même ; la raison ne pourrait pas nous
montrer qu'un tel Dieu est même possible, et la révélation
nous montre que Dieu n'est pas une personne qui s'aime
elle-même de façon solitaire, et donc qu'il ne pourrait pas
être ainsi. Comme je l'ai souligné, il est encore plus faux
de faire dépendre l'Amour éternel de Dieu du besoin éternel
de *créer* des êtres à aimer et par lesquels être aimés, tout
à fait comme une personne humaine solitaire manquant
de compagnie et d'amitié de ses semblables prodiguerait
de l'affection à des chats et des chiens et en remplirait sa
maison.

Ce n'était en fait pas d'abord aux chrétiens, mais à la
Maison d'Israël, que Dieu a été révélé comme un Dieu
d'Amour, un Dieu qui en appelle en retour à notre amour
pour lui et envers nos semblables. Les chrétiens sont trop
facilement prêts à ignorer le fait que les deux grands

commandements d'amour sont *ceux de la Torah*. Mais ce qu'un Chrétien doit dire est que l'amour particulier de Dieu pour Israël provient de la prédestination en Dieu du Messie, le Fils de Dieu, qui devait naître de cette Maison ; c'est pourquoi « Israël est mon Fils, mon Premier-né »[1], comme le déclare Moïse à Pharaon, au nom de Dieu. C'est une convention, et je pense juste de considérer que le fils prodigue et son frère aîné, dans la parabole, représentent respectivement les Gentils et Israël ; mais n'oublions pas que Dieu dit à jamais à Israël dans la Personne du Christ : « Toi, mon Fils, tu es toujours avec moi, et tout ce que j'ai est à toi »[2]. Aucune grâce donnée aux Gentils ne peut annuler cette prérogative d'Israël ni ne place les Gentils sur un pied d'égalité avec Israël.

Si c'est ce que nous avons à dire au sujet de la charité de Dieu envers Israël et envers tous les hommes – qu'il nous aime pour l'amour de son Fils, qui en tant qu'homme est notre Frère – alors ce que nous devons dire de la charité comme vertu humaine est clair. Le premier objet de la charité humaine n'est pas l'homme, mais Dieu. Dieu doit être aimé complètement et au-dessus de toutes choses ; ce qui n'est pas le cas de notre prochain. L'amour exigé dans la Torah est clairement centré sur Dieu ; j'ai, de nos jours, entendu un prêcheur dire que le christianisme doit être une religion centrée sur l'homme, et non sur Dieu, et sans doute certains rabbins prêchent aussi dans le même sens, mais dans l'un et l'autre cas, il s'agit d'apostasie. Un texte bien connu de la Bible (1 *Jean* 4, 20) n'est d'aucun poids pour affirmer le contraire ; car il est pervers de s'en servir pour prouver que les hommes doivent prendre la première

1. *Ex*, 4, 23 (N.d.T.).
2. *Lc*, 14, 31 (N.d.T.).

place dans notre amour. Si un homme hait son prochain qu'il a vu, cela détruit sa prétention à aimer Dieu qu'il n'a pas vu ; mais c'est simplement l'ordre de l'inférence. Dans l'ordre de l'être, l'amour de Dieu vient d'abord, et de sa nature découle l'amour de nos semblables, qui sont les frères du Fils de Dieu ; l'amour des hommes qui ne provient pas de l'amour de Dieu peut être une chose assez agréable, mais c'est seulement un aspect des choses de ce monde qui ne durent pas et nous ne devons pas le surévaluer.

On pourrait me dire : « un Dieu demandant que l'amour qu'on a pour lui passe en premier serait simplement un monstre d'égoïsme – même si, comme toute cette histoire, c'est un égoïsme *à trois* ». Je réponds, dans l'esprit de ce que C. S. Lewis dit dans *The Problem of Pain* (Le Problème de la souffrance), qu'il est aussi absurde de dire de Dieu qu'il n'est pas égoïste que de dire le contraire. Dieu n'est pas égoïste s'agissant de ses créatures, parce qu'elles ne peuvent rien lui donner qui lui manque ou dont il ait besoin, et il ne peut être question qu'il les exploite ; tout ce qui est bon en elles vient de Dieu comme un don complètement gratuit qui ne peut être rendu. Mais il est tout aussi absurde de louer Dieu pour cette sorte de désintéressement que nous louons chez les bons parents. Les parents ne doivent pas laisser leurs enfants grandir sans que ces derniers ne soient capables de chercher et de trouver d'autre bonheur que celui d'être avec leurs parents à la maison. Mais Dieu ne peut pas donner cette autonomie à ses créatures. Dieu est la seule source, et même la seule possible, d'amour, de joie et de sagesse ; il ne peut donner à ses créatures un bonheur qui ne dérive pas de lui, qui ne consiste pas en une relation à lui. Les Écritures disent que Dieu est jaloux parce qu'il nous demande une absolue fidélité et dévotion à lui, en le comparant à un mari qui ne se satisferait pas

d'une chasteté approximative de sa femme. Mais la jalousie
du vrai Dieu n'est pas comme le désir de prospérité humaine,
qu'on attribue parfois à Zeus dans la mythologie grecque ;
Dieu veut que nous soyons suprêmement et éternellement
heureux ; mais du fait de notre nature, et non par un décret
arbitraire, c'est seulement si nous aimons Dieu plus que
toutes choses que nous pouvons être heureux à jamais.

Non seulement le désintéressement n'est pas une vertu
qu'on puisse attribuer à Dieu, ce n'est simplement pas une
vertu. N'agir que pour soi peut être vertueux : par exemple,
on est probablement vertueux en accroissant ses propres
capacités de connaissance et d'appréciation, même quand
la possibilité de les utiliser pour le bénéfice direct de notre
prochain apparaît mince. En revanche, le désintéressement
par lequel on se sacrifie est souvent vicieux. Des gens ont
montré la plus grande négligence d'eux-mêmes, une endurance dans la souffrance, un héroïsme face à la mort, pour
des causes répugnantes, comme le jeune nazi qui fait son
devoir jusqu'à la mort en abattant de pauvres réfugiés.
J'ai entendu quelqu'un qui se prétendait chrétien en se
présentant comme tel, parler du nazisme comme d'« une
expérience valable, mais limitée, de solidarité » (ou, il a
pu dire « communauté » ou « lien » ; c'était l'un de ces
mots-là), et il m'aurait sans doute considéré comme peu
charitable de refuser de reconnaître l'esprit d'Amour de
Dieu dans cette « expérience valable », même dans ses
manifestations les plus héroïques. À coup sûr, saint Paul
pensait autrement : on peut manquer de charité même si
on donne tous ses biens pour nourrir les pauvres et son
corps à brûler.

Tout amour des autres et tout dévouement aux autres
ne sont même pas bons, encore moins identifiables avec
la charité du Christ. Le dévouement à une cause est souvent

de la simple méchanceté, et le degré auquel le dévot est prêt à se sacrifier lui-même est simplement un indice de l'intensité infernale de sa malice. Le dévouement à un individu peut aussi être simplement une obscénité et un poison ; un peu d'expérience de la vie suffit à montrer des cas d'amour mutuel qui sont une mort vivante : deux personnes s'agrippant et se déchirant l'une l'autre, comme deux chats qu'un garçon cruel a noués ensemble par leurs queues et suspendus sur une corde à linge.

Même quand l'amour est bon, il n'en est pas pour cela cette charité venue de Dieu et qui nous unit à Lui à jamais. Tout bien vient de Dieu, mais tout bien n'est pas une grâce divine. La contraposée, comme disent les logiciens, de la proposition que tout bien en l'homme est l'œuvre de la grâce divine est la proposition équivalente que tout en l'homme qui n'est pas l'œuvre de la grâce divine *n'est pas* bon : ce qui est la thèse erronée de la dépravation totale. Aucune créature, même en enfer, ne peut exister totalement privée du bien ; et le bien d'une créature, quel qu'il soit, vient de Dieu. C'est une autre question de savoir s'il y a dans une créature cet amour de Dieu qui seul peut apporter le bonheur parfait et éternel. L'amour terrestre peut être bon quand c'est le bon moment, comme l'herbe et les fleurs ; mais l'herbe flétrie et les fleurs se fanent ; le monde passe, et les désirs de ce monde passent aussi ; seul celui qui fait la volonté de Dieu aura sa demeure dans la maison de Dieu à jamais.

Si on ne doit pas identifier la charité chez les hommes simplement à la manifestation de l'amour, aussi dévouée et sacrificielle soit-elle, et moins encore à certaines choses que la Section philologique est parvenue à nous faire appeler charité, celles-ci n'ont pas pour autant à être dépréciées uniquement parce qu'elles seraient des biens

limités : elles ne sont pas bonnes du tout. Le mot « charité »
fait penser à des associations ayant des listes de donateurs,
à des organisations charitables (comme si on organisait la
splendeur du Saint-Esprit !), à une Dame bienfaisante
engraissant des oies : elle se fait payer des loyers exorbitants
et ne propose que des salaires de misère, mais elle donne
les plumes aux locataires et distribue les vieux restes de
nourriture. Ou pire encore, car le terme est souvent appliqué
à une complaisance stupide envers tous les caprices du
comportement et de la croyance viciée : on pourra ainsi
dire que ce chrétien déclaré, lorsqu'il évoque la solidarité, ou je ne sais quoi d'autre, des nazis, qu'il les juge
« charitablement ». J'ai entendu des gens attribuer à la
sainteté de George Lansbury cette impression bizarre,
fondée sur un contact personnel avec Hitler, que le personnage avait de bonnes intentions et voulait la paix. Dans
l'histoire passée, les saints réels ont eu affaire à des gouvernants ignobles et ils n'ont pas été à ce point trompés
par eux.

Si ni l'amour, aussi intense et sacrificiel soit-il, ni non
plus ce que nous en sommes venus à appeler charité, ne
sont pas un signe de la charité de Dieu répandue dans nos
cœurs, alors quel peut en être le critère ? Les théologiens
soutiennent habituellement qu'il n'y a aucun critère absolu
pour en juger ; l'absence de l'amour de Dieu peut être
manifeste, mais sa présence ne peut apparaître si manifestement que nous en soyons infailliblement certains. Ce
n'est pas non plus notre affaire d'en juger chez les autres.
Mais chacun d'entre nous, s'agissant de lui-même, peut
poser une question embarrassante, proposée dans un article
de la *Summa Theologica* (IaIIae q. 119 a. 8) : Mon cœur
est-il si attaché à Dieu que je ne voudrais pas être séparé

de lui pour parvenir à un bien ou éviter un mal ? La forme elle-même de la question exclut qu'on y réponde avec assurance de façon affirmative en se confiant à une sorte d'introspection ; mais mieux vaut que ma véritable réponse soit oui, ou alors il n'y a en moi aucune charité, et je suis dépourvu de valeur aux yeux de Dieu.

La charité envers Dieu présuppose que l'esprit soit dirigé vers le vrai Dieu et non vers une fausse idole. J'ai déjà parlé de cet élément d'intentionnalité dans le chapitre sur la foi. Jusqu'à quel point une conception explicite de Dieu est-elle nécessaire afin de l'aimer vraiment, afin que l'amour ne soit pas dirigé faussement, comme la dévotion de mon électeur sénile l'était envers « Mr Macmillan » ou la dévotion de mon amoureux romantique envers sa Dulcinée imaginaire ? Ce sont des questions dont la réponse va au-delà du pouvoir humain. D'une façon générale, nous savons que certains hommes sont éloignés de la vie de Dieu par leur ignorance ; notre affaire n'est pas d'essayer de déterminer qui est du bon côté de la ligne, mais de travailler pour éliminer l'ignorance et l'erreur ; et si nous sommes mous à cet égard, si nous ne sommes pas attentifs, comment pouvons-nous espérer répondre affirmativement à la question conditionnelle empruntée à saint Thomas ? Par ailleurs, il se peut que quelqu'un qui a recherché avec un cœur pur la connaissance de la vérité, ou la promotion de la justice et de la miséricorde, recevra la bénédiction de Dieu qui est la Vérité, la Justice et la Miséricorde, même si, en cette vie, il n'a aucune conception claire de Dieu. Nous ne savons pas, et ce n'est pas notre affaire : *Quid at te ? Tu me sequere !* Tout est entre les mains de Dieu : comme est sa Majesté, telle est aussi sa Miséricorde.

Pour l'amour de Dieu, nous devons être charitables à l'égard de notre prochain ; et cela signifie un amour réel de personnes individuelles, et non simplement des attitudes générales de bonne volonté. En cette vie, nous ne pouvons aimer de très nombreuses personnes : aimons alors autant que nous le pouvons, et ne laissons pas l'amour mourir dans l'indifférence et l'oubli, ou s'éteindre dans une querelle. Par-dessus tout, arrachons jour après jour de nos cœurs les racines de l'envie, de la colère et de la malice, qui continuellement y repoussent, avant qu'elles ne deviennent des haines fermement enracinées. Si nous ne pouvons pas aimer activement nos ennemis, au moins pardonnons-leur, puisque chacun de nous a un tel besoin de pardon. Soyons généreux en jugeant les motivations et les intentions des autres hommes ; ce n'est pas une question de préférer l'amour à la vérité – rien ne rend le cœur plus aveugle que la malice ; et au contraire, une disposition à penser ce que dit notre prochain comme signifiant quelque chose de vrai ou de raisonnable trouve sa récompense dans un accroissement de la compréhension mutuelle. Faisons-le bien quand nous le pouvons et ne faisons de mal à personne. Si nous vivons ainsi, nous pouvons espérer, par la miséricorde de Dieu, parvenir à cette Gloire dans laquelle tous les hommes aiment et inspirent l'amour, et aussi dans laquelle, sans crainte ni tracas, il y a tout le loisir de faire connaissance de ceux qui, pour toujours, seront nos amis parce qu'eux comme nous auront d'abord été des amis de Dieu.

CHAPITRE V

LA PRUDENCE

La vertu de *phronesis* ou de sagesse pratique m'intéressera maintenant ; ce que les médiévaux appelaient *prudentia*. Ma première question est celle de savoir jusqu'à quel point la vertu de prudence, ou de sagesse pratique, consiste à observer des lois. Les lois sont-elles censées n'être seulement que des guides approximatifs de la conduite, ou doit-on toujours les suivre, sans jamais les transgresser ?

Je défends la doctrine selon laquelle il existe des préceptes moraux que l'on ne doit jamais briser. Cette doctrine est souvent critiquée aujourd'hui sous l'appellation de légalisme ; en ce sens-là, je suis un légaliste. Un argument fréquemment utilisé contre le légalisme provient d'une grave confusion. C'est une doctrine portant sur une condition présentée comme nécessaire, mais non suffisante, de la vie bonne. En empruntant à Hobbes une métaphore adéquate [1], je pourrais dire que le Roi a barré des routes non pas pour arrêter les voyageurs dans leur déplacement, mais pour qu'ils restent sur la bonne voie. Si vous êtes sur le chemin indiqué par le Roi, cela ne montre pas que votre déplacement soit vraiment nécessaire ou justifié, ni que

---

1. Voir Hobbes, *Léviathan*, II, chap. XXX, § 21, trad. fr G. Mairet, Paris, Gallimard, 2000 (N.d.T.).

vous n'allez pas à contresens. Mais c'est à vos risques et périls que vous sortez du chemin, pour prendre ce que vous espérez être un raccourci. Vous n'avez pas de carte de la région alentour, les dangers n'y manquent pas pour le voyageur imprudent : précipices, tourbières, étendues désolées, forêts où l'on s'égare, bêtes sauvages et châteaux de barons félons. Si votre folie vous conduit à vous perdre, malgré les recommandations du Roi, il peut envoyer une équipe de secours, mais il n'a pas promis de le faire.

D'une certaine façon, la métaphore de la barrière n'est pas satisfaisante. Elle suggère qu'il est toujours facile de savoir quand nous brisons la clôture et transgressons ; bien sûr, ce n'est pas vrai. Les termes dans lesquels nous pouvons formuler et saisir les lois relatives aux conduites n'ont aucune frontière nette. Frege avait sans doute raison d'exiger des frontières nettes pour les termes logiques et mathématiques ; il n'en reste pas moins que, dans le domaine juridique et moral, n'accepter que des termes nettement délimités témoigne, comme le disait Aristote, d'un manque certain de bonne éducation. A-t-on tué quelqu'un ou a-t-on négligé de garder en vie une personne ? Cette façon de parler, est-ce un mensonge ou n'est-elle guère qu'équivoque ? À ces questions, c'est folie d'espérer une réponse correcte et définitive ; ce qui doit mitiger la rigueur dans l'application de toute loi interdisant de tuer l'innocent ou de mentir. Mais, de telles remarques, certains concluront à la possibilité de faire des exceptions à une loi dans la façon de l'appliquer, et quand son application conduirait à des conséquences mauvaises ou horribles. Cette conclusion est à coup sûr erronée. Naaman peut avoir été innocent d'apostasie à l'égard du Dieu d'Israël, le seul auquel il ait voué un culte, même quand il s'inclina dans le Temple de

Rimmon avec son roi : la signification de l'acte de Naaman peut être comprise de façon diverse ; mais il ne s'ensuit pas que certains actes ne signifient pas, sans équivoque, le culte idolâtre d'un faux dieu, ni que de tels actes soient permis pour peu que la tentation d'apostasie pour un homme tienne à la crainte, s'il ne s'y livre pas, lui et les siens, d'être jetés dans un four aux flammes rougeoyantes.

Qu'on doive être guidé non pas par la loi mais par l'amour – *ama et fac quod vis*[1] – est un argument contre le légalisme. Mais j'ai montré dans le chapitre précédent que tout amour n'est pas charité ; et d'avoir eu en agissant quelques sentiments d'amour, dans un certain sens tout à fait ambigu de ce mot, n'est pas du tout un critère d'avoir agi par charité. De toute façon, l'amour n'est pas simplement lié de façon externe à l'expression de l'amour. Dans le film *Oklahoma*[2], une chanson dit au sujet d'un homme décédé qu'il aimait ses semblables, mais sans l'avoir jamais laissé voir. Cela aurait certes un sens de dire d'un brave soldat qu'au cours des opérations militaires il connut la souffrance, la peur et la fatigue, sans jamais rien en laisser paraître. Mais l'amour des semblables n'est pas comme la souffrance, la peur et la fatigue ; ce n'est pas un sentiment qui puisse apparaître ou non dans la conduite d'une personne qui le ressent. Si vous agissez d'une certaine façon, cela montre que ce n'est pas par charité, quoi que vous ressentiez intérieurement.

La signification que je souhaite donner à des formules telles que *Ama et fac quod vis* ou « L'amour est la réalisation de la Loi » n'est pas que si vous en avez assez d'un certain

---

1. VIIe Traité de S. Augustin sur l'Épître de saint Jean aux Parthes (§ 8) : « *Dilige, et quod vis fac* » (N.d.T.).
2. Un film musical de Fred Zinneman sorti en 1955 – une adaptation d'une comédie musicale. (N.d.T.).

sentiment, vous pouvez faire ce que vous voulez, cela comptera pour une réalisation de la Loi, ou ce sera tout comme ; je veux plutôt dire que si vous avez la charité, et dans une proportion qui la rend parfaite, vous ferez en fait ce qui par des critères manifestes pour tous *est* justement une réalisation de la Loi. Je peux ajouter que « Quelle serait la chose réellement aimable à faire ? » est une question aussi peu claire que « Que ferait Jésus dans mon cas ? » – on a même demandé à des enfants anglais de se la poser. Quoi que puisse en penser l'Évêque John Robinson, il n'est par exemple pas plausible qu'on aide un jeune homme à décider s'il va passer la nuit avec sa petite amie. En fonction d'un tel critère, on aurait aussi bien pu juger que saint Thomas More manquait d'amour en sacrifiant sa propre fortune, celle de sa famille et finalement sa propre vie, au scrupule de mentir – ce que son roi souhaitait qu'il fît. Pour saisir la noblesse de la résistance de More, les hommes n'ont pas même besoin de la foi catholique.

Un ennemi plus sérieux du légalisme est le conséquentialisme : la doctrine que nous devrions essayer d'évaluer les conséquences, aussi lointaines que nous le pouvons, des différentes actions possibles, et choisir la meilleure. Une forme particulière de conséquentialisme est l'utilitarisme, pour lequel la possibilité optimale est supposée être celle qui assure le bénéfice le plus grand ou le bonheur le plus grand *du plus grand nombre*. Le problème de la mesure d'un bénéfice ou d'un bonheur est souvent soulevé ; sans même s'en préoccuper, on peut abattre l'utilitarisme.

Pour réaliser l'inanité de la formule « le bonheur le plus grand du plus grand nombre », nul besoin à mon sens, d'un doute sur la mesure du bonheur ou d'une objection portant sur la possibilité que le bonheur détermine la fin.

Nul besoin d'y réfléchir, car la difficulté radicale réside dans le double superlatif, s'il est pris au sérieux et n'est pas simplement une formule rhétorique d'amoncellement, comme lorsque Churchill dit : « Jamais tant de gens n'ont dû autant à si peu ». Je détesterais mettre en pièces la phrase de Churchill ; ce n'était pas de la logique, mais de la rhétorique, et la formule évoque très efficacement le sens d'une obligation imposante ; on ne peut alors la juger en examinant la portée logique des multiples comparaisons qu'elle utilise : une dette plus grande que jamais vue, due par plus de gens à peu de gens. Mais des comparaisons multiples peuvent avoir des conséquences surprenantes et inattendues, comme l'a remarqué H. W. Fowler, dans *Modern English Usage*, sous l'appellation appropriée d'« illogicalités ». (En l'honneur de sa mémoire, je dirais que même s'il n'avait pas reçu d'enseignement formel de la logique, Fowler a souvent eu un œil vif ou le nez creux pour de telles perplexités logiques.)

L'exemple de Fowler comprenait deux comparatifs : c'était en effet : « Jamais plus beaux vers n'ont été pervertis pour un plus misérable usage », en éludant le reste de la phrase, soit, bien entendu : « que *ces* beaux vers-ci », ceux auxquels l'auteur de l'exemple faisait référence. Fowler fait remarquer que le double comparatif, loin de renforcer la force logique de ce qui est dit, l'affaiblit. D'un point de vue logique, ces trois propositions : « Jamais des vers n'ont été pervertis pour un plus misérable usage que ces beaux vers », « Jamais de beaux vers n'ont été pervertis pour un usage plus misérable que ces beaux vers », « Jamais plus beaux vers n'ont été pervertis pour un usage plus misérable que ces beaux vers », ne sont pas de plus en plus fortes, mais de plus en plus faibles : la première est une généralisation portant sur tous les vers, la seconde concerne seulement les beaux vers, et dans la troisième il s'agit seulement de tous les vers plus beaux que les beaux vers auxquels l'auteur de la formule pense. Quand on l'explique clairement, cela devrait être assez évident, et montre simplement combien notre première impression au sujet de la force logique d'une double comparaison peut nous induire en erreur.

Tournons-nous maintenant vers un exemple plus proche de « le plus grand bonheur du plus grand nombre ». Supposons l'affirmation que le Professeur Pfefferkorn a lu plus de livres dans plus de langues que n'importe quel autre professeur allemand. Si on l'accepte, l'érudition du Professeur Pfefferkorn est moins imposante qu'elle ne le semble à première vue. Considérons ce qu'implique une comparaison de l'érudition de Pefferkorn avec celle d'un rival, Nussbaum. Notre proposition implique-t-elle que Pfefferkorn doit avoir lu plus de livres, dans plus de langues, que Nussbaum ? Non, en fait cela implique que le nombre de langues dans lesquelles *Pfefferkorn* a lu plus de livres que n'importe quel autre professeur allemand est plus grand que le nombre de langues dans lesquelles *Nussbaum* a lu plus de livres que n'importe quel autre professeur allemand : et c'est la même chose si nous remplaçons le nom de Nussbaum par le nom de n'importe quel autre rival de Pfefferkorn. Mais alors ce qui est dit au sujet de l'étendue des lectures de Pfefferkorn en vient à être fort modeste. Pefferkorn peut tenir compte d'une langue dans laquelle il a lu plus de livres que n'importe quel autre professeur allemand si c'est, par exemple, une langue exotique dans laquelle il n'a lu que peu de livres, mais plus que n'importe quel autre professeur allemand n'en a lu *dans cette langue*. Ainsi, sur la base des termes utilisés, Pefferkorn peut gagner la compétition alors que Nussbaum, comparé à Pefferkorn, est un homme d'une bien plus vaste culture dans le plus petit nombre de langues, mais plus importantes, que les deux professeurs connaissent.

C'est la même chose dans le cas qui nous préoccupe. Dire qu'une possibilité, A, garantit plus de bonheur à plus de personnes que n'importe quelle autre possibilité, disons B, c'est affirmer que le nombre de personnes que la possibilité A rendrait plus heureuses que le pourrait n'importe quelle autre possibilité que A, est plus grand que le nombre de personnes que la possibilité B rendrait plus heureuses que pourrait le faire n'importe autre possibilité que B. Cela n'est pas si facile de s'en rendre compte, mais en faisant attention, nous voyons aisément que la qualité bénéfique de la possibilité A peut être aussi peu imposante que l'érudition du Professeur Pfefferkorn ; et pourquoi alors vouloir réaliser cette possibilité A ?

J'imagine que le charme immense que la formule « le plus grand bonheur du plus grand nombre » est qu'il fait naître un sentiment de bienveillance pour les masses populaires plutôt que pour une classe privilégiée. « Quand sauverez-vous les gens/ Seigneur, dans votre miséricorde, quand ? / Les gens, Seigneur, les gens/ Non pas les couronnes et les trônes, mais les hommes ».[1] Si vous rejetez le slogan, vous apparaissez comme un élitiste. Mais « élitiste » et « élu » ne sont pas liés seulement par l'étymologie ; et une grande partie de la révélation judéo-chrétienne concerne l'élection divine. « Je n'ai connu que vous seuls

---

1. Ce que cite Geach est proche d'un hymne célèbre dont l'auteur est Ebenezer Elliott : « *When wilt thou save the people ? / O God of mercy, when ? / Not kings and lords, but nations ! / Not thrones and crowns, but men !* » (N.d.T.)

parmi toutes les nations de la terre »[1]. « Je ne prie pas pour
le monde, mais pour ceux que vous m'avez donnés, parce
qu'ils sont à vous »[2]. Il semble y avoir de bonnes raisons
de croire que Dieu ne destine pas le plus grand bonheur
– si cela signifie la Vision béatifique – pour le plus grand
nombre. C'est pour un tel bonheur que les hommes sont
faits ; et à défaut de ce bonheur, ils échouent irrémédiablement. Mais la finalité d'un gland est aussi de devenir
un chêne ; ce que la plupart des glands ne deviennent pas.
Comme je l'ai déjà dit, cela ne signifie pas que s'agissant
de ces glands le Créateur ait été maladroit ou gaspilleur.

Pour ce dont il s'agit ici, je ne vois pas de raison de
douter de ce que dit saint Thomas : *pauciores qui salvantur*[3],
c'est un petit nombre qui seront sauvés. Après tout, il se
faisait l'écho du sévère avertissement de son Maître au
sujet de la porte étroite qui mène à la vie et la voie large
vers la destruction.[4]. Peut-être cela ne sera pas toujours
ainsi. De nombreux chrétiens ont espéré un royaume messianique sur la Terre avant la consommation finale, un
royaume dans lequel, même si la mort, le dernier ennemi,
n'a pas été vaincue, le péché gît écrasé. Dans un tel monde,
où les mauvais dirigeants, les lois perverses, les média
corrompus, l'oppression des pauvres ont été pour toujours
éliminés, alors que les cauchemars du passé ne reviennent
jamais hanter les hommes, ceux dont la vie est mortelle

1. *Am*, 3, 2 (N.d.T.).

2. *Jn*, 17, 9 (N.d.T.).

3. La formule se trouve dans la *Somme Théologique*, Ia, 23, 7, un
article qui porte sur le nombre des prédestinés. Elle se trouve aussi chez
saint Augustin (N.d.T.).

4. *Mt*, 7, 13-14 : « Entrez par la porte étroite ; car large est la porte,
et spacieuse la voie qui conduit à la perdition, et nombreux sont ceux
qui y passent ; car étroite est la porte, et resserrée la voie qui conduit à
la vie, et il en est peu qui la trouvent ! » (N.d.T.).

seraient pour la plupart sauvés. Je ne peux pas discuter de cela maintenant. Pour le moment, le monde n'est que malice, et seuls peuvent espérer être sauvés ceux qui, par choix délibéré, nagent contre le courant. Mais s'il s'agit des générations actuelles d'hommes, un Dieu ordonnant ainsi les choses ne se préoccupe pas de ce qu'on appelle le plus grand bonheur du plus grand nombre.

Les objections à mes propros prendront probablement la forme de protestations disant que cette indifférence de la Providence, celle que je suppose, serait injuste ou cruelle, bien plus qu'elle ne serait insensée ou imprévoyante ; alors peut-être vais-je les laisser de côté jusqu'à ce que j'en vienne, dans le prochain chapitre, à la question de la Justice divine. Si j'ai parlé de ces choses, c'est qu'il a existé ce qu'on peut appeler un utilitarisme théiste de la règle, par exemple chez Berkeley ou Paley, dans la doctrine que les limitations de notre sagesse et de notre prévoyance signifient que nous ne devons pas calculer les meilleures conséquences possibles, mais que Dieu peut faire de tels calculs, et qu'il en fait, et que ses commandements se justifient comme la mise en place de pratiques conduisant au plus grand bonheur du plus grand nombre de ses créatures rationnelles. Je ne vois rien qui garantisse cette doctrine ; mais je veux examiner cette question un peu plus, car cela vaut la peine de voir simplement ce qui est faux dans l'utilitarisme théiste de la règle.

En un sens, nous ne pouvons certes pas imaginer que Dieu soit lié par la loi : nous ne pouvons pas supposer qu'indépendamment de Dieu, dans un lieu supra-céleste (*en hyperouranioi topoi*) se trouve un paradigme du Bien, auquel Dieu doit se conformer, et nous aussi bien. Cette idée, quoiqu'elle soit importante, n'est pas pertinente s'agissant de la confiance absolue que l'action divine suit

certaines voies plutôt que d'autres. En particulier, pouvons-nous être absolument certains que Dieu est vérace
dans sa révélation et fidèle dans ses promesses ? Mon
argument est que, selon la doctrine des utilitaristes de la
règle, nous ne pourrions pas en avoir la certitude. Selon
cette doctrine, la raison pour laquelle les hommes doivent
absolument, par exemple, s'abstenir de mentir est qu'ils
sont trop ignorants de la façon dont sont les choses pour
juger quand des exceptions peuvent être faites. Mais
pourquoi Dieu ne jugerait-il pas qu'une fausse révélation
serait efficace pour le bien des hommes ? Selon les principes
des utilitaristes théistes de la règle, je ne peux voir aucune
raison d'écarter cette suggestion ; mais en ce cas la foi
chrétienne simplement s'écroule.

Cet argument est évidemment *ad hominem* ; il est
adressé aux utilitaristes théistes de la règle qui se présen-
teraient comme chrétiens (et je n'en connais pas d'autres).
En admettant que l'argument est *ad hominem* je ne m'en
remets pas impudemment à un sophisme. C'est une erreur
tout simplement vulgaire de penser qu'un argument *ad
hominem* est, comme tel, un sophisme ; la déduction par
A à partir des prémisses de B d'une conclusion que B ne
peut pas accepter sans contradiction est une procédure
correcte, et non pas un tour de passe-passe éristique, pour
peu que A utilise des méthodes valides d'inférence ; le
résultat peut déplaire à B, mais si B voit ainsi, par un
argument valide, que son *corpus* de croyances suppose
d'être corrigé, alors c'est un gain net pour B, si seulement
il l'accepte, et non pas seulement une victoire pour A.

Mais je crains que le résultat pour *ce* B, l'utilitariste
théiste de la règle d'aujourd'hui, puisse être qu'il élimine
de son *corpus* de croyances, non pas la doctrine que Dieu

n'a pas besoin de respecter de règles parce qu'il peut voir sans règles ce qui est le meilleur dans chaque ensemble de situations, mais plutôt la doctrine que Dieu révèle toujours la vérité et respecte toujours ses promesses.

Que cela puisse être conclu n'est pas une simple fantaisie de ma part. Nombreux sont ceux aujourd'hui pour lesquels la révélation divine se trouve dans plusieurs « grandes » religions, dont chacune est pour ceux qui la pratiquent la voie ordinaire du salut ; ces gens-là ne pensent bien sûr pas que Dieu révèle seulement la vérité. De la même façon, certaines personnes ne croient pas qu'on puisse dire que Dieu respecte ses promesses, parce qu'ils pensent qu'il a déjà renié celles faites à Israël ; et en exprimant la peur que l'homme puisse s'exterminer lui-même dans la guerre, ou qu'un tyran prenne le pouvoir dans le monde et détruise la religion chrétienne, ils montrent qu'ils ne prennent pas les promesses de Dieu à l'Église plus sérieusement que celles faites à Israël.

L'utilitarisme théiste des règles est en fait une position en soi instable. Dans la tradition judéo-chrétienne, et aussi à partir d'elle par héritage dans l'Islam, on trouve la notion d'apostasie, comme ce qui doit être absolument exclu : le croyant ne doit pas nier la vérité et ne doit pas tenir compte du coût de refuser d'être apostat, que ce soit pour lui-même, pour ses proches et ceux qu'il chérit le plus ; il doit s'en remettre à Dieu. Mais si vous êtes prêt à croire que Dieu lui-même n'est pas lié par une règle de véracité, et qu'il a en fait révélé des choses fausses comme moyens ordinaires de salut pour la masse des hommes, alors vous en viendrez bientôt à professer ces choses fausses dans un moment critique. Ce qu'on appelle un esprit œcuménique au sujet des multiples religions humaines va en fait de pair avec la dépréciation de la gloire du martyr. Mais j'aurai plus à dire à ce sujet quand j'en viendrai à la vertu de courage.

Quoi qu'il en soit, je peux aller plus vite s'agissant de l'utilitarisme théiste de la règle, et je n'ai pas besoin de me cantonner à des arguments *ad hominem* contre les prétendus chrétiens qui tiennent cette position. L'idée générale de Dieu travaillant pour le meilleur résultat possible est incohérente. Aussi bons et heureux que nous puissions l'être, nous pourrions être meilleurs et plus heureux, puisque le bien dont jouit une créature est seulement limité, et plus de personnes pourraient être concernées. L'idée du meilleur monde possible absolument, ou d'un meilleur état de chose possible absolument, est simplement incohérente, comme celle du plus grand nombre naturel. (Cette idée, comme bien d'autres, je la dois à McTaggart.) Nous pouvons donc rejeter le rêve leibnizien d'un tas de mondes possibles dans lequel Dieu prend le meilleur de tous ; et nous pouvons également rejeter tout reproche fait à Dieu que ce monde n'est *pas* le meilleur possible.

L'incohérence de cette notion et de nouveau celle de la double comparaison, comprise dans le double superlatif « le plus grand bonheur du plus grand nombre », ne suffisent pas à montrer que l'idée d'un homme cherchant la possibilité, disponible pour lui, qui a les meilleures conséquences possibles, ne fournit aucun guide cohérent pour l'action humaine. Quoique je n'aie pas pour le moment établi ce point, je crois que c'est vrai, et c'est maintenant ce que je veux montrer.

Un argument qui m'a toujours paru décisif contre la cohérence de ce programme se trouve dans un article d'Arthur Prior, « Les conséquences des actions »[1]. Comment déterminer les conséquences d'une autre possibilité d'action ouverte à A au moment t ? Nous pouvons ici exposer un dilemme, en partant d'abord d'une conception indéterministe des actions humaines, puis d'une conception déterministe. Si nous soutenons la première, alors nous voyons très vite qu'il n'existe pas pour A, au moment t, une recension des conséquences des multiples possibilités ouvertes à lui afin de choisir la meilleure d'entre elles. Car l'acte de A, quel qu'il soit, placera d'autres agents B, C, D, ... en position de choix qui ne sont apparus que par l'acte de A ; et, dès lors, dans une conception indéterministe, A ne peut pas pleinement prévoir comment B, C, et D choisiront, et donc il ne peut prévoir à quoi conduiront les conséquences de n'importe quelle possibilité que lui-même choisit.

C'est un argument plutôt abstrait, et je vais alors illustrer le caractère extrêmement imprévisible des affaires humaines selon la conception indéterministe. Considérons le cas de Brutus délibérant pour savoir s'il participe à la conspiration pour tuer César, s'en abstient, mais en ne disant rien, ou dénonce le complot à César. Brutus ne pouvait prévoir la moindre des conséquences immédiates de chaque possibilité : comment Cassius, César, Cicéron, Marc Antoine réagiraient ; et si même il avait considéré la question des conséquences lointaines, il aurait pu penser qu'elles se répercuteraient jusqu'à la fin des temps ; cela serait une vision générale, mais bien sûr il n'aurait pas pu prévoir la pièce que Shakespeare allait écrire, l'héroïsme et la vilénie

---

1. Cet article est repris aujourd'hui dans A. Prior, *Papers on Time and Tense*, P. Hasle, P. Øhrstrøm, T. Braüner, J. Copeland (eds.), London, Oxford University Press, 2003. Il a été exposé initialement lors d'une session conjointe de la Mind Association and de l'Aristotelian Society à Aberystwyth en 1956 (N.d.T.).

des révolutionnaires français inspirés par son acte, et ainsi indéfiniment.

Permettez que je prenne un exemple plus familier et terre à terre : un jeune homme s'interroge pour savoir s'il doit demander la main d'une jeune fille en mariage. La seule chose que la prudence peut ici dicter est de déterminer si la fille est éligible (comme les Victoriens auraient dit) ; il ne doit pas espérer que Dieu lui fasse connaître les conséquences s'il se marie avec un cas désespéré de folle, de harpie ou de dévergondée. Il n'est nullement question de déterminer le choix le meilleur. Doit-il observer autour de lui les jeunes demoiselles de sa connaissance et décider de courtiser la *plus* éligible ? Il ne peut évidemment pas prévoir si elle l'acceptera ; pas plus qu'il ne peut prévoir quelle sera leur vie ensemble s'ils se marient. Il ne peut pas dire s'ils auront des enfants – on peut certes éviter d'avoir des enfants, mais rien ne garantit qu'on en aura – ni comment ils seront. Et s'il décide de ne pas se marier ou de ne pas avoir d'enfant, il ne peut pas rationnellement juger que c'est la meilleure possibilité ; il ne peut en principe pas connaître la valeur de ce à quoi il a ainsi renoncé.

On avance parfois à cet égard qu'on peut ignorer les conséquences d'une action après un certain temps, parce qu'elles disparaissent comme les ondulations sur un étang. Les exemples que j'ai donnés suffisent à réfuter cette affirmation. Le choix fait par Brutus a toujours de nombreuses conséquences, après deux mille ans, et les actes humains de se reproduire ont également de nombreuses conséquences. Quand une princesse britannique se marie avec un roturier, les chroniqueurs lui trouvent une ascendance royale depuis un roi d'Angleterre ; et ils n'ont pas besoin de tricher. J'imagine que nous pouvons vraiment dire d'un certain roi éloigné, comme Charles II disait de lui-même, qu'il est le père de son peuple, ou au moins d'une bonne partie de son peuple ; ce qui signifie que sans les actes reproductifs d'un roi mort depuis longtemps une bonne partie de la population britannique ne serait pas là.

L'éthique de la « meilleure alternative [1] disponible » se porte-t-elle mieux si l'on se range du côté du déterminisme ? Pas du tout. Le déterminisme pourrait au mieux nous dire que les conséquences que j'ai dites imprévisibles sont « en principe » prévisibles, mais il ne pourrait en rien nous rendre mieux capables de les prévoir. Indépendamment de cela, si le déterminisme est vrai, certaines difficultés apparaissent : elles tiennent à l'idée même d'un choix entre des alternatives.

Ce serait un argument trop pauvre et trop facile de dire que si le déterminisme est vrai, il n'y a alors simplement aucune alternative ; ce que le déterminisme implique, tel que je le conçois, est plutôt que s'il y a diverses actions alternatives au moment *t*, alors avant *t* il doit y avoir dans le cours de l'histoire des alternatives correspondantes qui nous conduiraient à un choix ou à un autre. De plus, quoi

---

1. Après mûres réflexions, je me suis résolu à traduire « alternative » par « alternative ». Ce qui pourrait conduire le lecteur à penser que je gaspille un peu la réflexion. Pourtant, une alternative en français me semble consister à ce qu'il y ait deux possibilités ; alors qu'*alternative* (en anglais) me semble plutôt être ce qu'un français dirait être l'une des possibilités parmi les deux. Se marier avec Gertrude ou avec Cunégonde, c'est une alternative pour un Français (du moins monogame), et ce n'est pas une possibilité ; se marier avec Gertrude plutôt qu'avec Cunégonde est une *alternative* pour un Anglais (et c'est une possibilité pour un Français). Toutefois, je remarque aussi que l'emploi du terme anglais a fini par envahir la langue française – et ce n'est certes pas le seul exemple de ce genre. Il m'a alors semblé plus clair de signaler la difficulté et de traduire « *alternative* » par « alternative ». Dans certains passages, le recours aux termes « possible » et « possibilité » aurait pu être trompeur, parce que ces deux mots ne sont pas ceux que Geach utilise en anglais – et je ne voulais pas que le lecteur pense que c'était ceux qu'il utilise. Je demande simplement au lecteur d'être attentif – ce que le raisonnement exige de toute façon, sans alternative possible (N.d.T.).

qu'il en soit, un être humain est un organisme très compliqué et instable, et un stimulus à peine différent peut produire d'énormes différences dans les réponses ; le bon vieil exemple de ce phénomène est la différence entre ce télégramme « NOTRE FILS EST MORT DANS UN ACCIDENT » et sa lecture « VOTRE FILS EST MORT DANS UN ACCIDENT ». Donc, une toute petite réécriture de l'histoire du monde jusqu'au moment t pourrait suffire, selon une conception déterministe, à donner un choix différent d'action à t.

Ce n'est pas le problème si ce déterminisme doit exclure qu'il y ait des alternatives. La difficulté à laquelle on n'échappe pourtant pas, à mon sens, est la suivante : cela exclut désormais que l'agent ait la sorte de prévision le rendant capable de faire un choix rationnel de la meilleure alternative. Car les passés (peut-être très peu) différents qui conduiraient à des choix présents différents au moment t ne peuvent pas être examinés par l'agent lui-même ; et ils peuvent fort bien avoir différents effets après le moment t, tout à fait indépendamment de la production de choix différents à t, et l'agent sera tout à fait incapable de prévoir ces effets supplémentaires. Quoi qu'il en soit, il est manifeste que l'agent ne peut pas délibérer au sujet d'un passé qui fut le sien plutôt que d'un autre ; ce serait (pour reprendre les termes d'Aristote) comme de délibérer pour savoir si Troie aurait dû être prise.

C'est encore un argument plutôt abstrait, et je vais le rendre plus concret en citant un exemple qui a été inventé par Martin Gardner et publié dans le *Scientific American*. (Cela n'a pas d'importance si je l'ai un peu modifié : la forme que je lui donnerai va dans mon sens.) Un jeune homme vient de finir les études le conduisant à son premier diplôme ; ses succès sont exceptionnels tant sur le plan académique qu'athlétique. Il doit choisir entre une carrière académique et une carrière sportive. Sa délibération est guidée par un doute au sujet de son père : le jeune homme ne sait pas s'il est réellement le fils du mari de sa mère ou de son amant, et elle-même est incertaine. S'il est le fils de son père putatif, alors il court le considérable risque d'avoir hérité d'une maladie rare et congénitale du système nerveux central, laquelle conduit à un développement cérébral précoce suivi d'une dégénérescence rapide et incurable, puis de la mort. D'un autre côté, on ne connaît aucun athlète professionnel qui ait développé cette maladie. Le jeune homme décide alors d'être un sportif profession-nel ; en faisant ce choix, raisonne-t-il, il deviendra gran-dement probable qu'il est le fils de l'amant et non du mari de sa mère, et qu'il n'a donc pas hérité du gène létal de son père.

Certains penseront que les délibérations du jeune homme ont un sens ; pour moi, comme pour Martin Gardner lui-même, elles sont simplement idiotes. Il est déjà le fils d'un homme ou de l'autre, et il ne peut pas plus faire quelque chose ou sérieusement délibérer à ce sujet qu'on ne le peut au sujet de la prise de Troie. Un déterministe pourrait certes penser que les prétendues statistiques au sujet des athlètes qui ne contractent pas la maladie sont à expliquer par la théorie selon laquelle la possession d'un gène létal dispose fortement un homme à ne pas choisir une carrière sportive mais intellectuelle ; ce n'est pas mon propos de discuter ce point, je dis seulement que ce n'est pas celui que le jeune homme peut lui-même rationnellement prendre en compte dans un raisonnement pratique. C'est là un cas particulier de ma thèse générale : si nous soutenons une thèse déterministe au sujet du choix, il y aura des facteurs causaux des choix d'un agent que ses propres délibérations devront ignorer, même s'il ne peut pas affirmer qu'ils sont dépourvus de conséquences futures tout autres que de se réaliser par son choix ; et cela rend impossible pour lui de faire une prévision parmi les possibilités futures en déterminant la meilleure.

Jusqu'ici, je n'ai pas examiné l'affirmation fondamentale : nous pouvons en principe faire la liste exclusive et exhaustive de l'ensemble des actions alternatives qui s'offrent à un agent au moment t. Mais cela doit être mis en question. Quand ce chapitre a été lu lors d'une conférence à Cambridge, j'avais seulement exprimé un doute de façon intuitive ; et Lars Bergström m'a depuis aimablement donné son article paru dans *Noûs*, « Utilitarianism and Alternative Actions »[1], dans lequel la conclusion est tirée, avec autant de rigueur logique que de clarté intuitive, qu'aucun *unique* ensemble exclusif et exhaustif d'alternatives pour un agent au moment t ne peut en général être fixé. De ce que je me risque à appeler sa découverte, Bergström ne tire pas lui-même ce qui me semble être la conclusion manifeste : c'en est fini de l'utilitarisme ; mais je pense qu'on le doit !

Certains pourraient supposer que même si l'utilitarisme n'est pas satisfaisant comme théorie éthique de l'action individuelle, c'est la théorie à appliquer pour une planification à grande échelle dans laquelle les individus ne comptent pas. Même si ce sont les actions reproductives des individus qui déterminent qui sera là dans cent ans, on pourrait affirmer que des considérations statistiques suffisent pour montrer quelle sorte de patrimoine génétique il y a aura alors ; que c'est tout à fait ce genre de prévisions

---

1. L. Bergström, « Utilitarianism and Alternative Actions », *Noûs*, vol. 5, n°3, Sept. 1971.

génétiques dont nous avons besoin et que nous pouvons obtenir pour une planification bénéfique à large échelle et à long terme.

Je crois qu'une telle planification, qui plaît tant aujourd'hui, est une pure chimère. Je n'aurais pas même besoin de ce que dit Bergström au sujet des alternatives pour en venir à ce constat ; même si, bien sûr, ce qu'il dit a autant de poids ici. Je n'ai pas besoin non plus d'insister sur la faillibilité patente de telles prévisions dans la vraie vie. Il y a une raison théorique supplémentaire pour laquelle de telles prévisions, à grande échelle et à long terme, ne peuvent qu'être faillibles, et pourquoi le progrès des sciences et des techniques, bien loin d'améliorer les choses, rend en fait si peu réjouissantes les perspectives d'une telle prévision.

Nécessairement nous ne pouvons faire des prévisions que sur la base de la connaissance scientifique que nous avons, non pas sur celle de découvertes scientifiques qui sont encore à faire. Cependant, on peut présumer qu'on fera de plus en plus de découvertes scientifiques : *plurimi pertransibunt et multiplex erit scientia*, « beaucoup scruteront et la connaissance s'accroitra » [1]. Nous ne pouvons prévoir ces découvertes, ni la technologie qui s'ensuivra, ni la différence que cette technologie nouvelle fera dans la vie des enfants de nos petits-enfants. Imaginons simplement quelqu'un, avant les découvertes de Faraday et d'Oersted, ou encore de Marie Curie, essayant de prévoir le monde du futur sur la base de la science alors disponible ! Plus vite sciences et techniques progressent, plus important est l'imprévisible. Permettez que j'insiste : je ne parle pas ici d'une imprévisibilité de principe ou en présupposant

1. *Dn*, 12, 4 (N.d.T.).

que l'argument contre le déterminisme est indiscutable ; je parle d'une planification à grande échelle et de long terme comme guide pour les actions d'hommes ayant les capacités que nous avons, et j'affirme qu'un tel guide doit en l'occurrence être aveugle.

Je voudrais faire deux brèves remarques supplémentaires liées à ce qui vient d'être dit. Premièrement, on en revient une fois de plus à ce qui a été souvent remarqué : la différence épistémique extrême entre nos appréhensions du futur et du passé. Les sciences et technologies nouvelles nous obligent de fait à continuer à réviser et amplifier notre chronique du passé humain, mais pas dans une mesure si grande qu'elles renversent notre estimation du futur.

Deuxièmement, certains peuvent supposer que ce que nous ne pouvons faire avec nos cerveaux s'agissant de prévisions à grande échelle et sur le long terme, des ordinateurs, avec leurs esprits supérieurs, peuvent le faire pour nous. C'est une simple superstition ; de la part de certains ce doit être une façon de tromper les autres, même si c'est aussi une façon de se tromper soi-même. Si le cerveau est un ordinateur, il est bien plus complexe que tout ordinateur fait de main d'homme : le cerveau a des pouvoirs (y compris ceux de retrouver une fonction après un accident) dont tout ordinateur que nous faisons reste bien éloigné ; et les spécialistes d'informatique honnêtes souvent le reconnaissent volontiers. Il y a des années on prédisait que bien avant 1975, le champion du monde d'échecs serait un ordinateur [1] ; la prophétie a été falsifiée, et cela devrait faire renoncer à la prétention absurde que les ordinateurs fabri-

---

1. En 1997, Deep Blue a battu Garry Kasparov, alors champion du monde. Mais ce qu'il s'est passé exactement et donc savoir si l'on doit parler de « victoire », cela reste controversé pour les joueurs d'échecs (N.d.T.).

qués jusqu'à présent nous surpassent intellectuellement. Bien sûr, je nie tout simplement qu'ils pensent, mais je n'ai pas besoin pour le moment d'insister sur ce point ; quoi qu'il en soit, ils ne pensent tout simplement pas mieux que nous.

L'un de mes collègues à Leeds, un physiologiste, s'est amusé de recevoir une lettre d'une dame généreuse demandant s'il ne pouvait pas abandonner ses expériences cruelles sur les animaux et utiliser plutôt un ordinateur qui lui indiquerait ce que seraient les résultats de ces expériences. Mais la révérence témoignée à l'égard des ordinateurs en tant qu'habités d'esprits supérieurs aux nôtres est à mon sens inquiétante, et pas seulement risible : c'est le retour de l'idolâtrie et de la consultation des oracles ; et les hommes pourraient bientôt, s'ils ne le font pas déjà, demander à leurs idoles qui tuer. « Que leurs auteurs leur ressemblent, tous ceux qui comptent sur elles ! » [1]

Je rejette ainsi le conséquentialisme, ses racines et ses branches ; mais bien sûr cela ne signifie pas que, à mon sens, un acte doit être apprécié indépendamment de ce à quoi il conduit. Voici ce que je veux dire : dans une série de descriptions d'actes, telle qu'on en trouve dans *Intention* d'Elizabeth Anscombe [2] et les écrits d'autres philosophes – lever et baisser un bras, manœuvrer le levier d'une pompe, produire un grincement, pomper de l'eau, pomper de l'eau empoisonnée, empoisonner les habitants d'une maison, etc. – l'homme de la prudence, *phronesis*, appliquera une procédure de césure après laquelle il cesse de tenir compte de descriptions *supplémentaires* de l'action en termes de ses effets. Le légalisme dit en plus que si, en élaborant la

---

1. *Ps*, 135, 18 (N.d.T.).
2. G. E. M. Anscombe, *L'Intention* [1957], Paris, Gallimard, 2002.

description d'une action, nous parvenons à certaines descriptions, par exemple que c'est un acte de blasphème, le meurtre d'un innocent, la perversion d'un jugement juste, un parjure, un adultère, alors nous ne devons pas aller plus loin : c'est déjà le point de césure et l'acte est à proscrire.

On ne doit pas être suspicieux à l'idée qu'appliquer une procédure de césure puisse être prudentiel. Supposons une compagnie d'assurance-vie : elle va collecter des informations pertinentes au sujet de la santé d'un homme et de ses occupations, mais seulement jusqu'à un certain point. S'agissant des points de césure proprement légaliste dans les délibérations, ils auront souvent une justification laïque, comme celle que donne Moore dans les *Principia Ethica*[1] (même si cela conduit à une forme de contradiction, qu'il ne remarque pas, dans sa conception de nos obligations). C'est-à-dire : Il existe des règles simples et directes, et la raison peut montrer, non seulement qu'elles méritent en général d'être observées, mais aussi qu'elles sont telles que généralement nous ne devons pas même penser à les violer. Tout cela, nous pouvons le voir clairement ; mais notre ignorance des circonstances présentes et des contingences futures, ainsi que notre propension à faire peser le jugement en notre faveur et en celle des gens que nous aimons, ne nous conduiront jamais à voir clairement qu'on pourrait faire une exception ; dès lors, Moore conclut qu'aucune exception ne doit jamais être faite.

L'argument de Moore est rationnel et il a sa valeur en lui-même ; mais il peut s'avérer insuffisant comme moyen, quand la tentation est forte, pour se persuader soi-même de préserver la règle. Et c'est pour cela – indiquer des

1. G. E. Moore, *Principia Ethica*, [1903], Paris, P.U.F., 1998.

raisons qui seraient plus efficaces que l'argument de Moore, pour un homme, contre la tentation – que j'ai développé les considérations du dernier chapitre de *God and the Soul*. L'argument de Moore, pourrait-on dire, montre certainement que s'éloigner des règles doit être très risqué ; mais ne devons-nous pas quelquefois prendre des risques, et ne peut-il pas se faire que prendre des risques quelquefois s'avère justifié à l'usage ? C'était pour répondre à cette interrogation, et non pas afin de montrer qu'il est désirable de préserver les règles, que j'ai fait appel à des considérations sur la Providence de Dieu.

La pensée qu'il existe une Providence universelle peut nous donner une grande confiance, mais aussi provoquer une immense peur. Nous pouvons alors être assurés que les règles de la prudence sont une promulgation pour notre esprit de la Loi de Dieu, un reflet dans notre esprit de la Providence de Dieu ; et nous ne devons pas nous demander si en gardant la Loi de Dieu nous ne pourrions, par mésaventure, provoquer beaucoup de désordre dans le monde ; « Je n'ai pas fait le monde, et celui qui l'a fait nous guidera ». D'un autre côté, accepter réellement la doctrine de la connaissance et du pouvoir universels de Dieu peut nous impressionner au point d'éliminer en nous, par crainte de la Loi de Dieu, le souhait vain de nous assurer d'un bien ou de nous éviter un mal, pour nous-mêmes et ceux que nous aimons. C'est là, je pense, la crainte de Dieu, comme commencement de la sagesse.

Nous devons éviter les multiples sortes de mal aisément discernables ; et nous devons faire le bien, sans course effrénée au meilleur. À cela même, nous échouons bien sûr ; mais c'est seulement de nos échecs que nous devons nous inquiéter, non pas des effets à long terme de nos actions. « N'ayez donc point de souci du lendemain, car le lendemain aura souci de lui-même. [...] Ne vous mettez donc point en peine, disant : Que mangerons-nous ou que boirons-nous, ou de quoi nous vêtirons-nous ? – c'est de tout cela en effet que les païens sont en quête, – car votre Père céleste sait que vous avez besoin de tout cela. Cherchez premièrement le royaume et sa justice, et tout cela vous sera donné en plus » [1]. Bien des problèmes du monde naissent de ce que nous donnons à une fausse prudence une priorité sur la justice. Ce en quoi consiste la justice est le sujet du chapitre suivant : je crains de ne pouvoir donner qu'une réponse partielle.

---

1. *Matt*, 6, 34 ; *Mat*, 6, 31-33 (N.d.T.).

CHAPITRE VI

LA JUSTICE

Comme je l'ai dit, la justice est l'un des attributs de Dieu ; et la justice humaine doit être comprise comme une image, quoique déformée, de la justice divine, tout comme la prudence humaine ou la sagesse pratique est une image de la Providence divine. Dans la félicité de la Trinité, avant tous les mondes, il n'y a pas de place pour la justice, seulement pour l'amour ; juste ne se dit de Dieu que comme Souverain du monde, pas même de Dieu comme créateur, car il n'est pas question de bien et de mal s'agissant de la création. La justice en revanche a toujours été vue par les hommes comme ce dont ils ont désespérément besoin et sont toujours privés ; de ce besoin, l'appel à la justice divine aussi bien que la foi communiste dans une société future juste portent l'un et l'autre témoignage, même si chacune des deux parties pense que l'espoir de l'autre dans une telle justice est une illusion, et même si les cyniques le pensent dans tous les cas.

La justice est un concept immensément problématique : pour employer un jargon ancien, la justice a de multiples parties – elle a de nombreux fils étroitement tressés et sur chaque nœud de multiples problèmes. En un seul chapitre, je ne peux qu'effleurer la question. Je commence avec la

véracité et la fidélité ; dire la vérité et respecter les promesses. J'ai dit que la véracité et la fidélité doivent être
attribuées à Dieu sans aucune restriction : la parole de Dieu
est vérité, et ses promesses sont sûres. Un chrétien, s'il est
conséquent, ne peut en rien hésiter à cet égard, car ce serait
détruire ce qui fonde sa foi et son espérance. De même il
doit examiner de près les doutes provenant de la philosophie
morale qui, s'ils étaient fondés, montreraient que la véracité
et la fidélité absolues de Dieu pourraient être mises en
question.

Une distinction doit être établie entre mentir et rompre
des promesses. Je montrerai que mentir est toujours mauvais, même pour les hommes ; que Dieu puisse proférer
un mensonge, ou faire de ses mensonges aux hommes un
instrument de leur salut, est *a fortiori* exclu. Que Dieu
haïsse le mensonge, que les religions ethniques soient des
mensonges, des illusions, des apparences trompeuses, etc.,
est bien sûr le langage constant de l'Écriture sainte. D'un
autre côté, très souvent, respecter une promesse n'est
évidemment pas obligatoire ; mais les circonstances permettant ou même obligeant un homme à ne pas respecter
une promesse résultent de caractéristiques de la situation,
celle de l'homme, qui ne peuvent pas être transférées à
Dieu.

Il est en fait facile de montrer que si Dieu ne peut pas
mentir, il ne peut pas revenir sur sa parole non plus. Un
homme qui ne ment pas en faisant une promesse peut
néanmoins manquer de la respecter pour un certain nombre
de raisons. Premièrement, un homme peut changer d'avis,
pour une raison ou aucune, et décider de ne pas respecter
sa parole. Mais Dieu ne peut pas changer d'idée par caprice
et pour de nouvelles considérations entrant pour lui en

ligne de compte. Deuxièmement, il peut être impossible à un homme de remplir une promesse, du fait de circonstances qui n'étaient pas apparues ou même d'une inconsistance logique cachée dans ses plans. (Un homme suffisamment distrait peut faire certaines promesses en supposant qu'il a un rendez-vous chez un dentiste et en faire d'autres en supposant que ce rendez-vous a été annulé ; peu d'entre nous sont aussi distraits, mais une inconsistance plus profonde de nos plans peut cependant nous échapper.) Il n'y a pas d'inconsistances cachées dans les plans de Dieu ; il ne peut pas même être surpris par des circonstances imprévues. Dieu ne peut pas être piégé par ses propres promesses comme un homme peut l'être : Dieu est comme le Grand Maître qui fait un mouvement gagnant, protégé contre toutes les ripostes possibles dans le jeu de son adversaire. Troisièmement, un homme peut décider que ce serait une mauvaise chose de faire ce qu'il a promis. Quand cet homme le décide du fait d'un changement dans les circonstances, aucun parallèle n'est possible s'agissant de Dieu, pour la raison déjà dite plus haut ; il est également impossible que Dieu en vienne à réaliser, alors qu'il ne le faisait pas avant, qu'il serait mauvais de remplir une promesse. Donc, si Dieu est tout à fait vérace, il est absolument exclu qu'il puisse manquer de faire ce qu'il a sincèrement promis. Comme le dit le prophète, ce n'est pas pour notre bien, mais pour celui de son Saint Nom : ce n'est pas parce qu'en reniant ses promesses, il nous maltraiterait ou serait méchant à notre égard, mais parce qu'il est la Vérité et ne peut se désavouer lui-même. Ne désespérons jamais si les promesses manifestes de Dieu semblent de toute évidence n'être pas satisfaites et même rendues, à un moment, impossibles à satisfaire ; Dieu ne nous fera pas défaut ou ne se désavouera pas; il sait comment rendre droits nos chemins tortueux qui peuvent sembler le contrarier.

Je reviens à la malice du mensonge. Certains en parlent comme si cela consistait à priver les autres de la vérité à laquelle ils auraient un droit d'accès. Mais cette conception n'est pas la bonne. Il y a de nombreux droits dont la perte ou la privation sont possibles : cela vaut même pour le droit de vivre, selon certains, et pour de nombreux droits clairement plus importants que peut l'être un droit à la vérité, pour la plupart des gens. Nul besoin d'imaginer des circonstances dramatiques en temps de guerre : même en temps de paix, un ennemi personnel déclaré de A – et cette inimité ne vient que du premier – renonce à bien des choses qu'il aurait pu obtenir de A, s'il n'était pas brouillé avec lui; et pourquoi pas le droit d'obtenir de A la vérité? Je ne pense pas qu'un homme bon et sincère puisse manquer de reconnaître que mentir est un mal; mais cela ne peut-il pas être un mal nécessaire dans certaines circonstances, disons comme une arme pour se défendre?

Une raison pour laquelle le mensonge pourrait être défendable a déjà été rejetée dans le chapitre précédent, quand j'ai défendu le légalisme. Nous n'avons simplement pas à tenir compte des circonstances dans lesquelles un mensonge produirait les meilleures conséquences possibles. Nous ne pouvons ni prévoir ni contrôler les conséquences ultimes de nos actions : Dieu le peut et fait les deux, et nous ne pouvons gâcher son plan en ne mentant pas.

Le problème est que notre jugement à cet égard est susceptible d'être corrompu par de mauvaises habitudes. Nous avons presque tous une habitude de petits mensonges gratuits, même si, bien sûr, beaucoup d'hommes sont de bien pires menteurs. Mais même cette mauvaise habitude corrompt notre sagesse pratique. Dans des cas critiques, nous considérons ainsi que nous n'avons pas d'autre possibilité sinon de mentir ou de faire quelque chose de certainement pire encore : alors nous mentons. « Que pouvais-je faire d'autre ? » La réponse doit être : « Corrompu par vos mauvaises habitudes, vous ne pouviez pas faire mieux que ce que vous avez fait. Ne vous considérez alors pas comme innocent. Si vous aviez été un meilleur homme, vous n'auriez peut-être pas été dans un tel pétrin ; ou en l'étant, vous vous en seriez peut-être sorti sans mentir. Vous pouvez dire que vous n'en avez pas eu l'idée tant l'urgence était grande : pas de doute, vous n'y avez pas pensé, mais à qui est-ce la faute ? »

Parce que mentir devient chez nous une seconde nature, que ce soit dans une petite mesure ou une grande, et que nous ne savons alors plus si nous mentons ou non, le seul conseil est l'abstinence totale. La question n'est pas de savoir en quoi nous faisons du mal à notre prochain en mentant, comme le soutient la théorie du « droit de mentir » : c'est la question de savoir le dommage fait à nos âmes, la façon dont elles sont rendues inaptes à leur fin dernière, appréhender et refléter la Vérité vivante. Un buveur modéré peut n'être jamais ivre ; un menteur modéré que cela n'inquiète pas et qui n'essaie pas de perdre sa mauvaise habitude en viendra très certainement, un jour, à un gros mensonge, même énorme, totalement inexcusable. L'abstinence complète de mensonge est ce à quoi nous devons parvenir ; nous pouvons approcher du but avant de mourir.

On pourrait répliquer que sans le mensonge le monde ne peut pas fonctionner. Une figure chrétienne respectée – j'ai oublié qui – dit que ceux qui font réellement fonctionner le monde ne peuvent pas espérer garder les mains propres. Sans doute, mais la bénédiction du SEIGNEUR n'est promise qu'à ceux qui ont les mains propres et un cœur pur, qui n'ont pas fait de fausses promesses à leur prochain. Ceux qui font fonctionner le monde ont leur récompense ; le monde passe, ainsi que les projets et les choses de ce monde ; mais celui qui fait la volonté de Dieu est l'enfant de Dieu : il pourra pour toujours habiter Sa maison.

Si nous lisons les vies de saints, nous voyons comment ils ont fait pour éviter de mentir dans des moments difficiles. Saint Athanase naviguait sur une rivière quand les persécuteurs arrivèrent de la direction opposée : « Où est le traître Athanase ? ». « Il n'est pas loin », répondit gaiement le saint, et il continua sa navigation sans être suspecté. J'ai lu que sainte Jeanne d'Arc avait l'habitude de mettre une croix sur ses lettres envoyées à ses commandants pour montrer que les phrases devaient être prises à l'opposé de la signification normale en français. Je suppose que le service secret anglais ne réussit pas à casser ce code ; quoi qu'il en soit, lors de son procès, elle fut accusée de mensonge et de blasphème en ayant ainsi utilisé la croix à cet usage. Mais elle avait certainement une bonne défense ; la signification des mots est conventionnelle, et ses commandants, auxquels les lettres étaient adressées, connaissaient la convention et n'étaient pas trompés ; si les soldats anglais, qui n'avaient pas à lire ses lettres ni même du tout à être dans son pays, les lisaient cependant, et s'en trouvaient trompés, ce n'était pas l'affaire de Jeanne.

C'est la ruse de serpent des saints, recommandée dans l'Évangile. Quand j'ai utilisé ces exemples dans un article, il y a plusieurs années, j'ai été reçu avec des indignations : sans surprise, j'ai entendu des marmonnements contre le jésuitisme ; mais la Société de Jésus ne peut être tenue particulièrement responsable d'avoir établi cette sorte d'exemples ou de l'être pour un enseignement qui recommanderait de telles équivoques. Un saint qui, par la pratique et par le précepte, nous montre que nous ne devrions pas mentir même pour nous défendre, mais au plus user d'équivoques, peut être accusé de pharisaïsme ou d'hypocrisie. Je réponds que l'affirmation qu'il y a là un scandale est elle-même, de la part de beaucoup, une hypocrisie, comme celle des Pharisiens. Vos philosophes de la morale se disent eux-mêmes *capables de tout* [1] : vous mentionnez un acte effrayant, et eux, sans sourciller, se mettront à caractériser une occasion dans laquelle l'acte deviendrait *obligatoire* ; je les ai entendus le faire ! Ce sont là les hommes qui prétendent être choqués par l'esprit sinueux de saint Athanase et de sainte Jeanne ! Kingsley se demandait si Newman, si engagé que ce dernier était dans la défense de cette tradition s'agissant du mensonge et de l'équivoque, n'aurait pas pu utiliser, de façon défensive, certains tours de passe-passe linguistiques, et il le craignait : mais, tant qu'on y est, comment puis-je être jamais sûr que vos philosophes de la morale n'ont pas une certaine fin en vue qui, d'après eux, les justifie pleinement quand ils me mentent, et même comme des arracheurs de dents ? Dois-je croire des professeurs de mensonge disant qu'ils ne mentent pas ?

Sans doute y a-t-il un sentiment persistant que le menteur à tout crin est une personne plus honnête – j'ai le souvenir de l'expression française : *plus simple et plus loyal*, utilisée à cet égard – que l'homme qui, sans mentir, reste dans l'équivoque. Certes, un homme restant volontiers dans l'équivoque a vraisemblablement un caractère sournois ; il ne s'ensuit pas que nous devrions dire la même chose d'un homme qui, quand l'occasion se présente, reste dans

---

1. En français dans le texte (N.d.T.).

l'équivoque, et cependant ne mentira pas. Si le Christ parlait réellement de « détruire ce temple » en voulant dire son propre corps, c'était une façon d'étendre l'équivoque tout aussi largement que celle défendue par Alphonse de Liguori, par exemple.

Certains disent que c'*est* simplement un mensonge de tromper les autres par équivoque, ou même par le silence, voire par une action qui laisse une impression trompeuse – à la façon d'un prisonnier qui s'échappe en transportant une planche comme s'il était un travailleur. De tel propos sont des relents de la manière dont se comportent des parents ou des gardiens abusifs, bien décrite par Kipling dans le récit de son enfance. Toutes les manières de s'échapper et de dissimuler doivent être interdites : non seulement le mensonge, auquel un enfant effrayé peut recourir, mais d'autres aussi bien ; et on doit les *appeler* des mensonges même quand elles n'en sont pas, afin d'inculquer un sens approprié de la culpabilité. Mais soyons des hommes et écartons les enfantillages. Le silence ne peut pas réellement être un mensonge, parce qu'en certaines circonstances il devra signifier l'assentiment et dans d'autres le désaccord, et que l'un et l'autre ne seraient des mensonges qu'en étant déclarés ; mais préciser ce qu'il en est des circonstances serait une affaire délicate. L'application du concept d'acte de mensonge doit même être encore plus restreinte. Seul un acte comme signe conventionnel de quelque chose peut être véridique ou mensonger ; un acte qui n'est pas un signe conventionnel ne devient pas un acte de mensonge simplement en produisant des impressions fausses ou des attentes décevantes.

J'en viens maintenant à la question des promesses faites et brisées. C'est une illusion curieusement commune chez les philosophes que des promesses, ou au moins celles qui sont réellement importantes, sont faites en disant « je promets », et de telle façon que la force propre de ces mots est ce que nous avons avant tout à examiner. Ce n'est évidemment pas le cas ; pas plus que nous ne pouvons échapper à la culpabilité de revenir sur une promesse aussi facilement que ce fameux philosophe oxonien de la morale[1] pour lequel en disant « je veux », au lieu de « je promets », on réduit son obligation à la seule expression, simultanée et sincère, de son intention. Les promesses de mariage ne lient pas moins si l'on ne dit pas « je promets » ou « je te fais le serment ».

Dans ses grandes lignes, le mystère de « je promets » est aisément éclairci : c'est ce que l'on pourrait appeler *une dérivation régressive logique*. Les philologues appliquent ce terme par exemple au verbe « fanfaronner », qui est formé comme si « fanfaron » était son nom d'agent : en fait, un fanfaron est un homme qui sonne la fanfare. J'affirme que « je promets » n'est pas lié à « il promet » comme « je respire » l'est à « il respire », pas plus que « fanfaronner » n'est lié à « fanfaron » comme « cuire » l'est à « cuisinier »[2]. « Il promet » est relié principalement à *certaines* expressions au futur d'intention ; exprimer votre intention de ϕ, dans certaines circonstances, est promettre de ϕ-ier. Mais puisque normalement « je ϕ », dit de moi par moi-même, répond à « il ϕ » dit par l'autre personne à mon sujet, la forme linguistique « Je promets de ϕ-ier » en est venue, par l'usage, à être un substitut pour le simple « je vais ϕ-ier » dans des circonstances où cela constitue une promesse ; parce qu'il y a des circonstances

1. J. L. Austin, « Other Minds » (« Autres esprits »), repris dans ses *Écrits philosophiques* [1946], Paris, Seuil, 1994 (N.d.T.).

2. J'ai modifié les exemples donnés par Geach en anglais pour leur donner un équivalent plausible en français (N.d.T.).

dans lesquelles l'autre personne pourrait dire de moi « il promet de ϕ-*ier* ». (On a bien sûr des formes qui sont entre les deux, comme « je vais ϕ-*ier* » : « je promets que », ou « je vais ϕ-*ier*, et c'est une promesse ».)

Pour saisir en quoi consiste de promettre, nous devons considérer ce qui est ajouté par l'institution de la promesse, au-delà et au-dessus de l'expression sincère de l'intention. Nous pouvons après tout aller assez loin sur la base de l'expression sincère de l'intention. Ce n'est pas contractuel que les sociétés ferroviaires fassent circuler les trains aux heures annoncées sur les horaires, et aucune action juridique ne serait faite contre elles pour y avoir manqué ; mais si nous croyons en la véracité des sociétés ferroviaires, et si nous remarquons à l'usage qu'elles ne s'écartent pas facilement des prévisions qu'elles ont faites et ont honnêtement annoncées, nous pouvons alors utiliser avec succès des horaires de train pour nos projets futurs. Et il y a des raisons particulières, qu'il ne serait pas si difficile de formuler, pour lesquelles les sociétés ferroviaires établissent des prévisions stables.

Dans d'innombrables cas, cependant, l'annonce vérace d'une intention ne fournit aucune raison particulière pour qu'un homme ne forme pas plus tard une intention contraire. Il peut en fait avoir une obligation d'annoncer qu'il a changé de projet, si l'ignorance à ce sujet constituait un inconvénient pour son prochain ; mais il ne peut pas être accusé de mentir, même s'il n'a pas annoncé avoir changé de projet ; et il n'a pas même caché la vérité au détriment de son prochain, s'il a annoncé ce changement aussitôt qu'il était effectif. En quoi est-il alors mauvais de rompre une promesse ? Si la véracité de Dieu exclut qu'il rompe sa promesse, un homme peut être tout à fait fiable dans ses intentions et sans échapper pourtant au reproche d'avoir rompu une promesse. Quelle est la force du reproche ?

Nous trouvons une réponse, je pense, dans la figure de style « Tu nous a laissé tomber ». L'expression est un cliché, une métaphore morte : tâchons de lui redonner un peu de vie. A annonce ses intentions ; B, à la connaissance de A, fait des prévisions qui, si A se trouve changer d'avis et quand bien même l'aurait-il annoncé, ne se réaliseront pas, et cela au détriment de B. Le changement d'avis de A met B dans la sorte de situation dans laquelle il serait s'il avait bâti sur une base qu'il pensait solide, mais qui maintenant s'effrite sous ses pieds : A a laissé tomber B. C'est un cas paradigmatique dans lequel A peut être accusé de fausseté, peut-être même sans déficience dans l'intention, mais certainement avec une rupture de promesse, même si A n'a jamais dit « je promets » ou « je fais le serment », ou des mots de cette sorte. Le mal qui serait fait en laissant quelqu'un tomber est, à mon sens, la source de l'obligation à laquelle une expression d'intention peut donner naissance – et ce qui transforme l'expression en promesse. C'est au moins très souvent le cas : de là provient généralement l'obligation en matière de rupture de promesse. Je ne parle ici bien sûr que des promesses unilatérales ; les promesses bilatérales, celles qui sont échangées entre deux parties, sont des contrats au sens de Hobbes – les contrats juridiques en étant un cas particulier ; et ceux-ci soulèvent des problèmes assez différents.

Si c'est ainsi que l'obligation de ceux qui promettent apparaît, nous voyons aussi comment elle peut disparaître ou être remplacée. Si celui auquel on promet dit « Je ne vous ai pas demandé de faire cela », il ne peut plus ajouter « Vous m'avez laissé tomber en le faisant » : ce n'est plus raisonnable de sa part de s'attendre à quelque chose de

celui qui promet. De plus, celui qui a promis est libéré de
son obligation, même si celui auquel la promesse est faite
ne le libère pas, dès lors que la réalisation de la promesse
n'est pas bénéfique, mais malencontreuse, pour celui qui
a reçu la promesse, et que celui qui promet vient à s'en
apercevoir ; ou encore dès que les circonstances changent
de telle façon que celui auquel la promesse a été faite serait
maintenant placé dans une mauvaise situation par ce qui
auparavant a été pour lui avantageux. Finalement, si les
circonstances en viennent à être telles que la réalisation
par A de sa promesse à B fera plus de mal à C que n'en
fera à B de ne pas la réaliser, alors quoi qu'en pense B, A
est libéré de sa promesse, et ce serait absurde pour B,
connaissant les circonstances, de reprocher à A de rompre
sa promesse et de le laisser tomber.

Les cas de rupture d'une promesse en urgence et de
mensonge en urgence sont à mon sens fort différents l'un
de l'autre. Il serait monstrueux d'ignorer l'homme blessé
sur le bord de la route afin de respecter sa promesse d'aller
faire une course pour acheter quelque chose dont le manque
est un inconvénient domestique ; vous devez alors rompre
votre promesse sans hésitation et sans qu'on vous blâme.
Mais si vous mentez pour éviter un grand mal, alors vous
devez avoir honte de vous ; vous devez croire que le Dieu
dont la providence gouverne toutes choses est un Dieu de
Vérité qui, haïssant tous les mensonges et, qui étant en
même temps infiniment puissant et sage, n'exige d'aucun
homme un choix entre deux péchés – quoique l'homme,
par un péché antécédent, puisse par sa faute se trouver
acculé au péché. Si vous ne pouvez *voir* aucune voie
possible, sinon un mensonge, le mensonge peut être le
moindre mal parmi les possibilités que vous pouvez discerner : c'est encore un mal, et vous devez vous blâmer

d'avoir manqué de la sagesse de sainte Jeanne ou de saint Athanase pour vous en tirer sans mensonge. Ce n'est pas tant qu'il faille avoir l'intelligence du renard ; « le témoignage du SEIGNEUR est sûr : il donne la sagesse aux simples » [1]. Certains mensonges sont bien sûr absolument exclus : les mensonges qui blessent gravement votre prochain, y compris ceux qui nuisent à sa capacité de comprendre, comme l'inculcation de théories fausses, ou encore les parjures, ces faux serments dont le Dieu de Vérité est rendu témoin, ou l'apostasie de la Foi. Dans ces circonstances-là, vous n'avez pas à penser à ce mal qui, si vous ne mentez pas, peut tomber sur vous et les vôtres : vous devez dire la vérité et rejeter Satan.

Les vœux, qui sont des promesses faites à Dieu et, en cela, unilatérales, soulèvent un problème particulier : par défaut de respect d'un vœu que l'on brise, on ne peut pas laisser tomber Dieu, pas plus qu'on ne peut le blesser,

> semota ab nostris rebus seiunctaque longe ;
> nam privata dolore omni, privata periclis,
> ipsa suis pollens opibus, nil indiga nostri [2].

On ne fait pas des vœux pour le bien de Dieu, mais pour le nôtre : notre nature est faible, et une bonne résolution qu'il serait bon de préserver, mais qui ne serait pas obligatoire, peut aisément vaciller. Il est tout à fait justifié de nous lier de telle façon que ce serait un grand et manifeste péché de ne pas parvenir à faire ce qui est dit ; mais du fait du risque de péché encouru par l'échec, les hommes

1. *Ps*, 19, 7 (N.d.T.).
2. Lucrèce, *De Natura rerum*, L. I, vers 59-62, trad. fr. J. Kany-Turpin, Paris, GF-Flammarion, 1998, p. 67 : « Éloignée de nos affaires et de loin (radicalement) séparée d'elles ; / Car à l'abri de toute douleur, à l'abri des périls, / Trouvant elle-même sa force dans ses propres ressources, sans nul besoin de nous » (N.d.T.).

qui se demandent s'ils vont renforcer leur résolution par un vœu devraient se rappeler la parabole de cet homme qui, ayant épuisé ses financements pour bâtir une véritable tour, ne bâtissait plus qu'un simulacre.

Les moralistes ont aussi examiné autre chose : les promesses faites aux morts. Faire du mal à un mort n'est pas hors de question, comme Aristote le remarquait dans *L'Éthique* : le déshonneur posthume, ou le mal occasionné à ceux qu'un homme a laissés après lui, est communément tenu pour un mal occasionné à une personne décédée ou, c'est aussi possible, à soi-même. Puisque l'obligation de remplir une promesse naît du mal qui serait fait à défaut qu'elle soit remplie, cette obligation est possible à l'égard d'un mort. Mais quand il ne peut être fait de mal à celui auquel on promet du fait que la promesse n'est pas remplie – certainement, parce qu'étant mort (ou même simplement absent), il ne peut lui être fait de mal, même de façon purement formelle, si elle n'est pas remplie, et il ne saura jamais qu'une promesse qui lui a été faite n'avait que bien peu de contenu – alors aucune obligation n'est établie. A a promis de façon, pour ainsi dire, privée, à un ami âgé B, que lui, A, ne se laisserait pas pousser les cheveux longs, à la mode moderne[1], qui déplaisait tant à B ; mais B est mort, ou il est parti en Australie, ou la petite amie de A aime les cheveux longs, et B ne le saura jamais. Je ne pense que A fasse aucun mal à B en se laissant pousser les cheveux. Si B est mort ou inaccessible, il ne peut pas démettre A de sa promesse ; certains philosophes, sur cette base, sont très sévères au sujet des promesses à un mort : mais je dis carrément que faire quelque chose simplement parce que vous l'avez promis à un mort – lorsque vous ne pouvez

1. En 1977 ! (N.d.T.).

pas même lui faire un mal posthume – est au mieux irrationnel, et c'est immoral si cela interfère avec le bien de votre
prochain.

J'en viens maintenant aux contrats – les promesses
échangées. Respecter un contrat quand l'autre partie l'a
fait, ou quand il est raisonnable de penser qu'il le fera, est
une obligation bien plus lourde que celle de respecter une
promesse unilatérale. À défaut de contrats passés et généralement observés, les aménités de la vie civilisée seraient
largement rendues impossibles. Je pense que c'est une
erreur, pour de multiples raisons, de tenir l'autorité du
gouvernement civil comme provenant d'une sorte de
contrat ; comme Hobbes l'a montré, c'est parce qu'il n'y
a rien de plus facile à briser que la parole d'un homme que
le besoin de l'autorité civile apparaît.

C'est une interprétation calomnieuse de Hobbes de lui
faire dire que l'obligation d'un contrat naît seulement d'une
autorité civile qui l'impose ; Hobbes était en fait des plus
rigoureux dans sa doctrine de l'obligation contractuelle :
il soutenait qu'un prisonnier de guerre était obligé de payer
la rançon promise en échange de sa vie ; apparemment, il
soutenait même que celui qui promet une rançon à un
criminel est obligé de la payer, à moins que la loi civile
ne le décharge de sa promesse ! À l'objection que les
contrats passés alors sous l'effet de la peur sont vides,
Hobbes répond avec sévérité : « ce qui ne saurait empêcher
un homme de promettre ne doit pas être admis comme un
obstacle à la promesse »[1]. Nous n'avons pas besoin, et je
pense ne devrions pas aller aussi loin que cela, mais nous
pouvons accorder à Hobbes que les contrats commencés
obligent, par leur seule nature : l'autorité civile, qui impose

1. Hobbes, *Leviathan*, ɪ, chap. xɪɪɪ, *op. cit.*, p. 220 (N.d.T.).

les contrats, lie les hommes à leurs obligations, selon la formule de Hobbes; le besoin que des contrats soient passés, et s'imposent alors contre la perversité et l'instabilité des volontés humaines, c'est ce à quoi tient la nécessité de l'autorité civile.

L'autorité civile est fondée sur le besoin humain de justice : Hobbes le trouve dans le besoin humain de paix, mais je pense que réellement cela revient au même, étant donnée la façon dont Hobbes comprend la notion de paix. Sans justice, l'autorité civile est affaiblie, dans ses prétentions ou également ses défaillances. Le Professeur Anscombe présente ainsi un *dictum* d'Augustin [1] : Enlevez la justice, et le Gouvernement est simplement une grande organisation mafieuse; elle illustre cette affirmation par l'histoire du pirate qui avait dit à Alexandre le Grand que la différence entre eux était seulement l'échelle de ce qu'ils faisaient : son trait d'esprit lui valut le gouvernement d'une satrapie. Le simple fait de jouir de la protection d'un gouvernement ne me donne aucune obligation, ne crée aucune allégeance à ce gouvernement, s'il est d'une grande injustice. En allant dans le nord à une certaine époque, j'aurais dû payer Rob Roy ou Johnny Armstrong, en échange d'une protection, sinon les pires choses me seraient arrivées : cela ne m'aurait en rien obligé à protéger Rob Roy ou Johnny Armstrong de ce qui leur serait arrivé si un homme, plus fort, avait été sur le point de les battre.

La nature de tant de gouvernements aujourd'hui est si fortement injuste (ils sont nombreux se préparant à verser des torrents de sang innocent, certains en répandant déjà)

---

1. C'est une citation d'Augustin, reprise et traduite ainsi par G. E. M. Anscombe, dans un article intitulé « The Source of the Authority of the State », *Ratio* 20, 1, 1978.

qu'un chrétien, je pense, a raison de se détourner d'eux, comme des bandits des frontières qui autrefois pratiquaient le racket, ou des mafias dans les grandes cités d'aujourd'hui ; en acceptant une protection, un citoyen n'a pas passé un contrat pour les soutenir, même si Hobbes pensait autrement ; et c'est le comble du cynisme que de telles créatures obligent les hommes à se battre pour elles. Des bandits ont fait cela aussi, et nous pouvons nous rappeler du serviteur dans la ballade :

> Vous m'avez bien payé mon travail, Madame,
> Vous me l'avez bien payé ;
> Mais maintenant je suis au service d'Edom O'Gordon –
> Un homme fait ce qu'il doit faire ou il meurt [1].

Je ne prétends pas que cela donne un droit de rébellion : les injustices d'un gouvernement peuvent être assez importantes pour que A pense pouvoir se dispenser de toute allégeance ; mais qu'il le pense ne lui donne pas un droit d'imposer à la communauté les misères, peut-être extrêmes, entraînées par la rébellion. Nous devons cependant nous rappeler que des rébellions sont possibles presque sans que le sang soit versé : quand le « Rédempteur » Kwame Nkrumah a été renversé, ce fut avec la mort de seulement un petit nombre de ses porteurs-de-hache – ce dont nous ne devons pas nous inquiéter, parce que, pour reprendre les mots de Hamlet [2], ils avaient courtisé cet emploi.

1. C'est une ancienne ballade écossaise racontant l'histoire d'un certain Edom O'Gordon de la Saint Martin. Avisant un château, lui et ses troupes y pénètrent. La châtelaine qui attend son mari se réfugie dans la Tour et tente de négocier. Mais Edom O'Gordon exige qu'elle ouvre son château et même qu'elle couche avec lui. Si elle refuse il brûlera le château et ses trois enfants avec elle. Pour y parvenir, il paie l'un des serviteurs de la châtelaine. Tout cela finit dans un bain de sang (N.d.T.).
2. Shakespeare, *Hamlet*, acte V, scène 2 (N.d.T.).

Ce en quoi consiste la justice dans la société civile a été admirablement établi par Hobbes quand il fait la liste des lois de la nature qui dictent la paix comme moyen de conservation des hommes en groupe, et qui déterminent les différentes formes de vice s'opposant à la préservation de ces lois :

1) Parce que les hommes ne veulent pas reconnaître une infériorité naturelle, la loi n'a pas à en reconnaître, même s'il pourrait y avoir des arguments factuels pour la reconnaître : c'est ce que Hobbes a soutenu contre la thèse d'Aristote que les solides esclaves barbares étaient par nature de simples instruments pour les hommes civilisés comme lui ; et nous devrions soutenir la même thèse que Hobbes à l'encontre des ennemis de la race humaine qui aujourd'hui en appellent à une discrimination contre les êtres génétiquement inférieurs dont le QI est inférieur au niveau moyen.

Le racialisme n'est bien sûr pas la seule forme de ce vice odieux qu'est l'Orgueil : dans les temps anciens il y eut des lois traitant les nobles, les hommes de qualité, comme s'ils étaient une sorte supérieure d'animaux. Hume pouvait encore écrire : « La peau, les pores, les muscles et les nerfs d'un journalier sont différents de ceux d'un homme de qualité »[1]. Hobbes avait par avance répondu : « comme si on n'était pas maître et serviteur par le consentement des hommes plutôt que par une différence d'esprit »[2]. Les laïcs disent habituellement (je l'ai lu récemment dans un livre scolaire de ma fille) que la Loi de Moïse n'a pas été donnée par Dieu, mais recopiée à partir du code de

1. Hume, *Traité de la nature humaine*, II, III, 1, trad. fr. J.-P. Cléro, Paris GF-Flammarion, p. 246 (N.d.T.).

2. Hobbes *Léviathan*, I, 15, (Neuvième loi de nature : contre l'orgueil), *op.cit.*, p. 261 (N.d.T.).

Hammurabi : ils semblent n'avoir jamais remarqué que, dans ce code, gens de bien et gens du commun sont systématiquement distingués, alors que la Loi divine, quant à elle, ne parle en rien de gens de bien.

L'inégalité de l'esclavage est même une plus grande injustice ; à cet égard une immense ignorance prévaut à l'égard des dispositions sages, justes et miséricordieuses de la Loi divine. L'esclavage n'existait pas en Israël : le vendeur d'esclaves était passible de la peine capitale. Un israélite ne pouvait pas tuer son serviteur sans payer vie pour vie ; il ne pouvait pas le mutiler, pas plus même lui faire perdre une dent, sans immédiatement être privé de son service. Un maître ne pouvait pas briser la famille d'un serviteur contre sa volonté. De plus, tout étranger fuyant l'esclavage depuis un pays de Gentils devenait un homme libre au moment où il était sur le sol d'Israël : nous savons que cette loi fut appliquée, puisque Tacite récrimine contre elle dans ses *Histoires.* On ne peut s'étonner que l'auteur de ce livre scolaire bien laïque, déjà cité, déprécie les Juifs, qui étaient superstitieux au point de croire qu'une Loi leur avait été donnée par Dieu, en comparaison des Romains qui, inspirés par la plus haute sagesse humaine amélioraient continuellement leurs lois !

2) Aucun groupe d'hommes ne peut revendiquer, à l'exclusion des autres, des possessions telles qu'elles priveraient les autres du « droit de gouverner leurs propres corps, de jouir de l'air, de l'eau, du mouvement, d'aller d'un lieu à un autre, et de toutes les choses sans lesquelles on ne peut pas vivre ou vivre bien »[1]. Refuser à quelqu'un le droit de parler sa langue natale va à l'encontre de ce sans quoi un homme ne peut pas vivre bien. Le vice qui nie ce droit est l'arrogance.

---

1. *Ibid.*, (Dixième loi de nature : contre l'arrogance), p. 262 (N.d.T.).

3) Un juge doit traiter également les hommes ; se soumettant volontairement à un arbitre, ils doivent respecter son jugement ; aucun homme ne peut être juge de sa propre cause, ou arbitrer dans un cas pour lequel « un plus grand profit, ou plus d'honneur, ou de plaisir naît de la victoire d'une partie sur l'autre »[1]. Les juges ne doivent donner aucun crédit arbitraire à un témoin plutôt qu'à un autre. Briser de telles lois tend à faire désespérer les hommes de tout arbitrage autre que celui de la force et, manifestement, cela va contre la paix. Les vices opposés sont l'iniquité et l'acception des personnes.

4) Les hommes doivent être reconnaissants pour les bénéfices de « la simple grâce »[2]. Le vice opposé est l'ingratitude. Certes, contre leurs sujets non coopératifs l'accusation d'ingratitude est faite par des législateurs injustes, leurs flatteurs et leurs chapelains de cour ; je l'ai dit, c'est de la simple impudence.

5) Les hommes doivent s'efforcer de s'accommoder entre eux, et en particulier ils doivent s'abstenir d'exprimer ouvertement leur haine et leur mépris.

6) Un homme doit pardonner les offenses d'un pénitent s'il est sûr de sa bonne conduite future, et il ne doit pas, par simple vengeance, faire payer le mal par le mal ; la punition par l'autorité civile doit servir à corriger l'offensant, ou servir à l'instruction et à la dissuasion des autres, non pas à venger des péchés passés. Il est manifeste que le vice de cruauté dans les représailles va contre la paix ; et comment pourrions-nous nous complaire dans notre vengeance alors que nous sommes tous pêcheurs ? J'ai lu

---

1. Hobbes *Léviathan*, I, 15, (Dix-huitième loi de nature : contre la partialité), *op.cit.*, p. 265 (N.d.T.).
2. *Ibid.*, I, 15 (Quatrième loi de nature : la gratitude) (N.d.T.)

que, dans l'ancienne Espagne, lors du Vendredi saint, le roi libérait un criminel condamné, baisait sa main et lui demandait de prier pour lui. Une telle cérémonie est inconcevable dans notre société : je me souviens comment une proposition d'amnistie pour des déserteurs de l'armée, faite plusieurs années après la Grande guerre, lors d'une fête nationale, fut décriée comme « Injuste ! » – une affirmation qui n'est trop souvent simplement qu'un aboiement signifiant l'envie, la haine et la méchanceté.

Ces principes, établis dans le *Léviathan*, au chapitre XV (du premier livre) ne sont pas exhaustifs quant à la justice naturelle : il y a par exemple le principe que seul un homme, et pas sa famille, doit être puni pour ses méfaits ; un principe sur lequel Hobbes a insisté, comme se trouvant dans la Loi divine et chez les prophètes, et qui est bien sûr bafoué, de façon flagrante, par la Loi romaine. Je n'ai pas la place ici pour développer ses questions plus longuement.

Les universitaires sont enclins à demander si les lois violant ces principes sont des lois ou (comme le dit Thomas d'Aquin) de simples violences. Or, bien sûr, qu'on les *appelle* des lois ou non, cela n'a aucune importance : la question est de savoir quelles conséquences s'ensuivent. Un élément de législation injuste existe *de facto*, comme une institution ; mais ce n'est pas une dette de justice de l'observer, quoi que ce puisse être imprudent de l'ignorer. Bien qu'une personne privée ne doive pas juger à la légère qu'une loi est injuste, qu'elle contrarie la Loi de nature, la paix et la justice de la société, peut être si manifeste qu'un tel jugement en soit justifié. Une dose suffisante de législation injuste peut justifier l'identification de l'autorité civile à une organisation mafieuse ; je pense que le vieux John Brown a eu raison d'avoir ce jugement au sujet des États-Unis esclavagistes de son temps. Cependant, la rébellion est autre chose, parce que les maux qu'elle peut engendrer sont très grands : que le vieux John Brown ait à ce sujet eu raison c'est une chose que nous devons laisser à lui et à son Créateur, au jugement duquel il en appelait avec tant d'assurance.

Les lois de l'homme, disait Héraclite, se nourrissent toutes de la seule Loi divine : la justice de Dieu donne aussi aux lois humaines leur force, et Dieu est juste en tant que vérace et constant, mais aussi en tant qu'il donne sa Loi, à la fois naturellement dans l'esprit des hommes et extérieurement par la Révélation. Dieu ne peut pas être reconnaissant aux hommes ni entrer avec eux dans un contrat en vue d'un bénéfice mutuel, comme le peut un homme avec un autre : Dieu possède déjà, *de jure* et *de facto*, tout ce qu'un homme pourrait lui donner ; si ce n'est que Dieu laisse à l'homme le choix de l'obéissance et de la désobéissance ; et c'est pourquoi l'obéissance est préférable au sacrifice.

> Nos volontés sont nôtres, nous ne savons pas comment ;
> Nos volontés sont nôtres, pour qu'elles soient Tiennes [1].

J'ai peu parlé dans ce chapitre de la justice comme juste distribution, une question qu'on agite beaucoup ces temps-ci. S'il s'agit de la justice entre les hommes, je la trouve trop difficile pour la discuter dans ce livre ; mais il est tout à fait clair que Dieu n'a absolument aucune considération pour cette justice comme équité, que ce soit sur cette terre ou dans l'au-delà. Dans cette vie, concernant ce que les Médiévaux appellent les biens de la fortune, Dieu accorde seulement aux hommes l'équité d'une honnête loterie ; il est l'Ordonnateur de la loterie, comme le dit Thackeray. Des choses comme le début de la guerre et de la paix, les morts dans les épidémies, ceux provoqués par

---

1. A. Tennyson, « In Memoriam » (Prologue) (N.d.T.).

toutes sortes d'accidents, sont distribuées par les règles d'une loterie : en signifiant à nos esprits les critères rationnels du jugement de probabilité, et en nous montrant que ces critères s'appliquent à nos existences, Dieu est juste avec nous. Comme on le disait de M. Blanc de Monte-Carlo, « rouge gagne quelquefois, noir gagne quelquefois, mais Blanc gagne toujours ». Ces biens de fortune ne sont manifestement pas distribués de façon égale ni au regard du mérite. Le Livre de Job et ce que dit Jésus Christ contiennent des rejets emphatiques de cette idée que la bonne et la mauvaise fortune dans cette vie soient affaire de mérite ; l'expérience montre continuellement la vérité de ce que dit le Prêcheur : « J'ai vu sous le soleil que la course n'est pas pour le rapide, ni la bataille pour le fort, ni les richesses pour le savant, ni les faveurs pour le compétent, mais que le temps et le hasard sont pour tous »[1].

S'agissant des biens durables et véritables que sont la grâce et la gloire, il n'y a aucune raison de croire que Dieu observe un principe de justice comme équité ; aucune raison de croire que tous les hommes ont une part égale ou même une chance égale de part égale de grâce et de gloire. Tout ce que nous pouvons dire est que chaque homme a une véritable chance de salut, et que c'est de sa propre faute s'il la rejette ; mais si Dieu ne donne pas de chance supplémentaire à A et répète son invitation à B, il s'agit de miséricorde à l'égard de B, mais pas d'une injustice à l'égard de A. Si C, qui est sauvé, a travaillé plus longtemps et plus durement que B, sauvé lui aussi, il n'a pas à avoir de rancune contre B qui a obtenu plus facilement le salut. « Prends ce qui te revient et va-t-en ; je veux donner à ce dernier autant qu'à toi »[2].

---

1. *L'Ecclésiaste*, 9, 11 (N.d.T.).
2. *Mt*, 20, 14 (N.d.T.).

CHAPITRE VII

LA TEMPÉRANCE

La justice est un sujet attirant, ou devrait l'être : la tempérance ne l'est pas. Si j'avais souhaité attirer plus d'auditeurs, j'aurais pu annoncer un exposé intitulé « Goinfrerie, alcoolisme, drogue et sexe », sans donner une fausse représentation de ce dont je vais parler ; et ce titre aurait pu être relativement attirant. Mais la vertu de tempérance est affaire de routine et de sens commun. À la différence de la prudence et de la justice, la tempérance n'est pas un attribut de Dieu ; elle ne peut pas même être attribuée aux saints anges, car elle ne peut l'être qu'aux animaux avec des besoins et des appétits corporels. Les hommes ont besoin de la tempérance parce qu'ils peuvent être attentifs au moyen d'être vertueux s'ils veulent aller vers et atteindre une fin d'une certaine grandeur et valeur, s'ils ne veulent pas se laisser distraire de cette fin par la recherche de plaisirs immédiats, et ne pas endommager non plus leur santé physique et mentale par une abstinence excessive. Ces considérations ne sont pas propres à soulever l'enthousiasme : en fait, l'enthousiaste à cet égard serait en danger de tomber dans un vice pour lequel nous n'avons pas de nom particulier, l'opposé extrême de l'intempérance. Non pas que je prétende contester que la vertu de chasteté et sa forme la plus élevée, qui est la vertu de virginité, puissent être aimées, défendues et admirées passionnément ; mais je dirais que c'est une distorsion hellénisante de les placer sous la coupe de la tempérance.

Aristote remarque au sujet de la tempérance que le milieu entre l'excès et le défaut, s'agissant de cette vertu, dépend des cas : une diète raisonnable pour un homme faisant des exercices intenses en vue des Jeux olympiques peut être fort excessive pour un citoyen ordinaire. C'est à ce principe que nous devons faire appel si les pratiques ascétiques extrêmes de certains saints chrétiens ne doivent pas être tenues comme vicieuses en s'opposant par excès à la vertu de tempérance, tout comme une complaisance intempérante à l'égard de soi est vicieuse, cette fois par défaut. Que des pratiques soient justifiées dépend de la vérité ou de la fausseté, que je ne peux examiner ici, de certains dogmes : le dogme de la Communion des Saints selon lequel les bonnes actions d'un membre du Corps du Christ peuvent profiter aux autres membres ; également, la doctrine que les grands Saints sont comme les troupes d'élite de Dieu contre nos ennemis invisibles, ingénieux, impitoyables et infatigables ; dès lors, la sévère discipline des saints – veilles, prières et jeûnes – est indispensable pour préserver la cité de l'ennemi.

C'est souvent sur cette base que les chrétiens admirent l'ascétisme, et je pense à juste titre, mais bien sûr il ne s'ensuit pas que plus l'ascétisme est grand, plus on doive l'admirer. Il y a certaines claires limites que l'ascétisme ne doit pas transgresser ; ce serait fatal à toute prétention à la sainteté. La mutilation ou l'immobilisation d'un membre, la castration volontaire, la privation de l'un de ses sens, la réduction de son intellect à l'imbécilité en se privant de l'alimenter de toute idée correcte : tout cela est un péché manifeste et un vice. Un tel péché est heureusement rare en Occident, tout comme il l'était dans la Grèce d'Aristote ; mais on le trouve quelquefois, comme manifestation d'une haine de soi morbide. Ailleurs, sous l'égide d'une fausse religion, le vice s'épanouit, dans des formes trop repoussantes à décrire. On raconte qu'un hindou aurait dit à un missionnaire chrétien, à juste titre, que les yogis pratiquaient un ascétisme bien plus extrême que les saints chrétiens ; le missionnaire n'aurait pas dû ressentir de la honte ou de l'embarras en entendant cela ; après tout, les saints ne se sont pas rabaissés à entrer dans cette sorte de compétition.

J'en viens aux vices de goinfrerie et d'alcoolisme. S'agissant du premier, il y a un vers latin qui en énumère cinq variétés au moyen de cinq adverbes : *praepropere, nimis, ardenter, laute, studiose.* Manger votre nourriture trop vite (*praepropere*), en manger trop (*nimis*), ou trop vigoureusement (*ardenter*), c'est préjudiciable à la santé, et peut même l'être gravement ; manger des mets trop chers (*laute*) ou faire des histoires au sujet de tout ce que vous souhaitez manger (*studiose*) peut conduire à un mode de vie tout à fait vicieux, qui fait négliger la justice (comme l'homme riche dans la parabole [1] qui laisse Lazare pourrir à sa porte), la charité (comme dans la description d'une vieille femme égoïste que l'on trouve dans les *Screwtape Letters* de Lewis [2]). Une trop grande attention à son propre ventre écarte les énergies vitales de ce qui a plus de valeur et fournit des armes à l'ennemi pour les attaques contre la chasteté. Cependant, il est manifeste qu'un homme peut s'adonner à une certaine gloutonnerie sans être gravement vicieux.

1. *Lc*, 16, 19-31 (N.d.T.).
2. C. S. Lewis, *Tactique du diable*, *op. cit.*, voir p. 98, n. 1 (N.d.T.).

L'alcool amoindrit toujours l'efficacité intellectuelle, même à dose modérée, et entrave l'exécution efficace des tâches exigeant une compétence. Si c'était un devoir d'être mentalement aussi alerte que possible pendant un laps de temps aussi long que possible, cela pourrait plaider contre toute consommation d'alcool en général. Mais bien sûr ce devoir n'existe pas ; nous avons vu auparavant, quand nous avons examiné le plus grand bonheur du plus grand nombre, que de tels doubles comparatifs ou superlatifs, comme nous en avons dans « être aussi mentalement alerte que possible pendant un laps de temps aussi long que possible », soulèvent des difficultés logiques. Thomas d'Aquin a remarqué que c'est un précepte de la raison que l'exercice de la raison doit être interrompu – ce qui se passe normalement quand on dort et également dans l'acte sexuel ; aussi bien, il n'y a rien d'immoral à prendre des somnifères ou qu'un médecin vous donne un anesthésique en vue d'une opération.

Si boire de l'alcool est mauvais, la raison n'est pas que cela vous rende moins alerte que vous pourriez l'être, mais moins que vous le devriez dans une certaine situation ; et le degré que vous devriez atteindre est fort variable. Un degré extrême de vigilance est à coup sûr exigible d'un aiguilleur de chemin de fer ou d'un conducteur quand la circulation est intense. D'un autre côté, quoique je ne puisse répondre de l'efficacité, pour soigner un refroidissement ou une grippe, d'un grog que l'on boit dans son lit jusqu'à en tomber inconscient, si cette prescription médicale est correcte l'objection morale de soûlographie disparaît ; un homme en sécurité écroulé dans son lit n'a aucun devoir, même du plus bas degré de vigilance, parce qu'il peut simplement s'endormir en toute légalité. Il y a de nombreux cas intermédiaires, mais je ne vais pas me livrer à cette sorte de casuistique.

Pour peu qu'il soit permis d'écarter la question de savoir si contrevenir à la loi est moralement contestable, nous devons alors, à mon sens, avoir un jugement comparable au sujet du *cannabis indica* et de l'alcool ; le premier semble moins perturbant mentalement que le second, provoquer moins d'accidents, ceux de voiture en particulier, et nettement moins de dépendance. L'allégation que son usage « conduit » à passer aux drogues dangereuses, comme la cocaïne ou l'héroïne, n'a aucun sens ; fumer du cannabis ne crée aucune dépendance physiologique à ces drogues ni ne peut conduire à en faire un usage, si on ne l'a pas déjà.

Pour le moment, j'ai seulement examiné la redescente de l'intellect depuis le sommet de l'attention – un sommet, permettez-moi de le répéter, auquel nous n'avons aucune obligation de tenter de nous maintenir. C'est une autre affaire s'agissant de « se faire exploser la tête », c'est-à-dire de rechercher délibérément ce qui peut seulement être appelé un état de folie temporaire. Les drogues dites psychédéliques sont seulement une façon d'y parvenir, comme le furent les vapeurs d'éther ou l'oxyde nitreux (William James y fait référence) ; certains exercices de respiration sont d'autres façons d'y parvenir, ou encore la répétition de formules dépourvues de sens, la battologie, qui a été et reste la caractéristique de la religion des Gentils, et qui fut à ce titre condamné dans le Sermon sur la montagne[1]. Quel qu'en soit le moyen, cela s'oppose de façon détestable à la faculté qui nous distingue des brutes ; je n'en discuterai même pas, car un homme demandant un

1. *Mt*, 6, 7 (N.d.T.).

argument pour le persuader que la santé mentale est préférable à la folie est déjà dans un tel triste état qu'il est improbable qu'un argument lui fasse le moindre bien.

De telles pratiques sont souvent défendues en disant qu'elles concernent seulement les pouvoirs des sens et de l'imagination, l'intellect continuant à observer et à décrire ce qui arrive. Mais je ne vois rien confirmant cette affirmation et beaucoup contre elle. Le Professeur R. C. Zaehner a affirmé que, sous l'influence d'une drogue psychédélique, il a vu l'un des trois Rois sur une icône cherchant à retirer sa couronne – et n'y parvenant pas car l'icône est bidimensionnelle ; ce qui fit pouffer de rire Zaehner, et il continua à rire jusqu'à ce que l'effet de la drogue s'estompe. Cette histoire n'a guère que la cohérence limitée d'un récit de rêve ; et si Zaehner avait dit l'avoir rêvé plutôt que vu à l'aide d'une drogue, la remarquable clarté de l'intellect actif requis pour faire un tel récit n'aurait pas été signalée. En fait, Zaehner ne prétend pas qu'il en soit ainsi ; comme c'est la nôtre, nous pouvons seulement articuler notre moralité en faisant usage de cette conception ; il est aussi sceptique que moi au sujet des bienfaits qu'il y aurait à se faire exploser la tête.

D'autres récits ont beaucoup moins de sens que celui de Zaehner. Si un homme raconte que pour lui, une fois drogué, la haie du jardin est le corps dharmique du Bouddha, je ne suis pas immédiatement convaincu qu'il sache ce dont il parle. Je me souviens d'un collègue universitaire qui, il y a longtemps, m'avait demandé ce que je pensais de cette histoire : une certaine drogue était connue pour perturber le flux temporel privé d'un sujet, il rencontrait ainsi plusieurs fois les mêmes événements particuliers. Il était très sérieux à cet égard, et il m'a regardé sans doute comme un horrible philistin quand j'ai répliqué : « Tout ce que cela montre est que si vous vous faites sauter le cerveau avec une drogue, vous en venez à dire n'importe quoi ».

De l'extérieur, certaines des expériences des prophètes de l'Ancien Testament sont certainement difficiles à distinguer de la simple folie ; quelqu'un qui aujourd'hui se comporterait comme le prophète Ézékiel serait bien vite enfermé. Mais il y a une différence importante entre Ézékiel et ceux qui se font exploser la tête : l'expérience qu'il fit ne trouve pas sa source dans sa *recherche* d'une vision au travers d'exercices spirituels ou physiques, ou en ingérant une drogue, il fait cette expérience sans qu'elle soit recherchée ni même bienvenue. C'est sans doute seulement un accident dû au choix de vocabulaire fait par les traducteurs français, mais c'est une bonne chose que les visions d'un prophète soient désignées comme le *fardeau* du Seigneur.

J'en viens à la chasteté. La pensée hellénique considérait l'appétit sexuel comme simplement l'un des appétits corporels gouvernés par la vertu de tempérance ; Thomas d'Aquin a essayé de faire entrer la vertu de chasteté sous la rubrique de la tempérance. Il a essayé, mais il était couru d'avance qu'il ne pouvait y parvenir, la chaussure n'allait pas au pied. L'appétit sexuel est unique parmi les appétits corporels pour une chose : il produira vraisemblablement de nouveaux individus ; des créatures d'une autre sorte que nous pourraient se trouver à même de produire des nouveaux individus en mangeant beaucoup, mais nous ne courrons pas ce danger. De la même façon, sur la base de ce fait causal, nous pouvons laisser de côté les mœurs sexuelles des cultures dans lesquelles les questions de paternité sont vues autrement – ceux qui tiennent compte pour notre problème des mœurs de ces gens se trompent tout à fait.

Nous savons simplement que l'acte sexuel est susceptible de conduire à la maternité ; nous ne pouvons pas plus
délibérer raisonnablement indépendamment de cela, ou
accorder une estime équivalente aux mœurs de ceux qui
l'ignorent, que nous pourrions raisonnablement feindre
d'ignorer que certaines substances sont indispensables à
la santé et certaines autres sont toxiques. D'aucuns diraient
que nous ne pouvons pas ainsi juger et condamner une
culture de l'extérieur ; soit ! mais la conception de la paternité que nous avons est un élément de notre culture ; et
comme c'est la nôtre, nous pouvons seulement articuler
notre moralité en faisant usage de cette conception-là ; les
mœurs des gens qui ont une autre conception ne sont pas
pertinentes pour nous. Je ne dis pas que ce fait physiologique dicte de lui-même notre code moral ; mais il faut
encore y faire appel dans un code moral qui autorise, par
un moyen ou un autre, d'éviter ou de prévenir la
fertilisation.

Une autre différence importante entre chasteté et tempérance concerne ce qu'en théologie morale on appelle
matière légère[1]. Un faible degré de goinfrerie ou d'intoxi-
cation alcoolique sont des infractions tout à fait insigni-
fiantes ; même une habitude implantée de telles infractions
peut encore être appelée une faute, non pas un vice.
S'agissant de l'absence de chasteté, la théologie morale
chrétienne soutient qu'il est plus bien facile de pécher
gravement dans l'acte individuel – et il n'y a aucun doute
alors qu'une mauvaise habitude est un vice. Selon toute
apparence, cette conception sévère remonte au Législateur
lui-même ; rappelons-nous ce qu'il dit au sujet des regards

---

1. L'expression latine « *parvitas materiae* » est généralement utilisée
(N.d.T.).

lubriques sur une femme, et la façon dont il promulgue au sujet du mariage un précepte apparaissant si rigoureux aux Apôtres qu'ils en viennent à protester : « Si c'est ainsi, mieux vaut ne pas se marier »[1].

Dans une certaine apologétique chrétienne, ces différences ont été expliquées par un argument disant que l'appétit sexuel peut seulement se donner libre cours en toute légalité selon des modalités conformes à la téléologie intégrée dans la structure et la fonction des organes reproducteurs. Un autre usage des organes reproducteurs a été comparé à celui des organes digestifs par un glouton romain mangeant dans l'intention de vomir puis de manger de nouveau. Autrefois, je pensais ainsi, mais cela m'apparaît maintenant être radicalement fautif. Ce qui l'est, à mon sens, est l'appel à la téléologie ; et quoi qu'il en soit l'argument ne remplit pas sa fonction : fournir un sens à la moralité chrétienne traditionnelle.

Cet échec de l'argument se montre très aisément. C'est un usage des organes reproducteurs selon une modalité non pertinente à toute téléologie de la reproduction de copuler avec une femme qui est enceinte, dont il est su qu'elle est stérile, ou après la ménopause ; pourtant, la tradition chrétienne n'a pas condamné de tels actes – s'agissant du dernier, on peut citer des cas dans les Écritures de couples mariés et saints, comme Abraham et Sarah ou les parents de Saint Jean le Baptiste. Il n'est en rien habituel pour des chrétiens de se sentir tenus à la prohibition de la loi mosaïque contre la copulation durant la période menstruelle. Ce précepte tend très nettement à exclure l'acte infertile, mais sur cette base les chrétiens ne l'ont pas accepté ; au contraire, ils ont considéré le précepte mosaïque

_____

1. *Mt*, 19, 10 (N.d.T.).

comme l'une de ces lois d'impureté rituelle avec lesquelles les chrétiens n'ont simplement pas besoin de s'embêter. L'objection s'agissant de pratiquer un acte sexuel à un certain moment se fait sur des bases hygiéniques ou esthétiques, non pas du fait que la téléologie de la reproduction, dans un tel acte, soit contrecarrée.

L'argument au sujet de la téléologie du processus de reproduction me semble être vicié par un simple paralogisme sous-jacent : la confusion sémantique au sujet du mot « fin » ; en français et en latin, il peut signifier *à la fois* la dernière étape d'un processus *et* la raison de ce processus, ce pour quoi il est. (Certaines langues font beaucoup mieux à cet égard : l'allemande peut faire la distinction sans équivoque entre *Ende* et *Zweck*, et le polonais, de même, entre *koniec* et *cel*.) Le processus de reproduction des choses vivantes est un cycle dans lequel aucune étape n'est susceptible d'être présentée comme donnant la raison de tout le processus. Considérons le cycle de vie de l'insecte éphémère. L'éphémère adulte ne vit qu'un jour ; il n'a pas d'organes digestifs, et je crois qu'il n'a même pas de bouche : il a stocké seulement suffisamment d'énergie pour réussir à s'accoupler et prolonger sa race. Dirons-nous que la fin du processus est que cette forme d'adulte manifestement imparfaite soit générée par la transformation de la larve ; ou, plutôt, que la fin est ce moment si intense de la vie magnifique des éphémères mâles et femelles ?

Aristote n'est lui-même pas si obsédé que cela par le mot *telos*, fort trompeur ; il ne pouvait pas l'être, car il soutenait que le mouvement continu des sphères éternelles qui n'atteint pas une position optimale finale n'est cependant pas dénué de raison. Il aurait dit que, à la fois ces cycles et le cycle sublunaire de la génération, ont pour raison de manifester, dans leurs genres propres, la vie éternelle de Dieu ; et un chrétien peut aller plus loin et voir en cela une image de la génération divine éternelle, une pensée que Yeats exprima dans ces vers :

> Naturel et surnaturel avec le même anneau se marient
> Comme l'homme, comme la bête, comme une mouche
> éphémère engendrent,
> la Divinité engendre la Divinité ;
> Car les choses en dessous sont des copies, comme le dit
> la grande Table d'émeraude [1].

L'argument auquel je m'oppose soutient au contraire que la production de la forme adulte peut simplement être comprise, dans le processus de reproduction, comme sa fin manifeste. J'ai donné une raison de rejeter cette thèse ; et même si j'ai montré que la conduite allant radicalement à l'encontre de nos téléologies intégrées – comme le refus conscient de devoir consommer d'autres vies – est condamnée à un échec lamentable, cela ne signifie certainement pas que nos fins conscientes devraient se réduire à seulement poursuivre celles dont nous pouvons nous assurer qu'elles s'inscrivent dans les téléologies de nos organismes. Dès lors, l'argumentation que je discute actuellement m'apparaît comme irrémédiablement fautive.

Pour autant, il y a une tradition continue dans l'Église chrétienne enseignant que de nombreuses formes de comportement sexuel acceptées par les païens doivent être tenues comme des péchés et des vices manifestes. L'ancienneté de cette tradition est manifeste, par exemple, dans l'étude de Noonan, *Contraception* [2], aussi hostile soit-il au

---

1. W. B. Yeats, « Supernatural Songs » (N.d.T.).
2. J. T. Noonan Jr., *Contraception, A History of Its Treatment by the Catholic Theologians and Canonists*, Cambridge (Mass.)-London, Harvard University Press, 1965 (N.d.T.).

maintien de cette tradition. Dès lors, même si, à mon sens, les arguments que je viens de présenter en faveur de cette tradition sont mauvais, j'en accepte le contenu comme fondé, et je vais essayer de la défendre.

C'est une évidence logique générale et indiscutable que la réfutation d'un mauvais argument pour une conclusion n'est en rien un encouragement pour penser qu'elle soit fausse. Néanmoins, quand j'accepte la conception chrétienne traditionnelle au sujet des vices sexuels tout en rejetant aussi l'argumentation par laquelle j'aurais pu la défendre auparavant, certains peuvent considérer que c'est tout à fait irrationnel. J'espère que des comparaisons pourront montrer que cela peut ne pas l'être. Si on confie à une grande sœur la charge de son petit frère, elle sera peut-être amenée à imposer certaines restrictions au comportement de son frère; ses parents lui ont dit que certaines choses sont interdites; et les parents, supposons-le, ont de bonnes raisons d'avoir imposé des interdictions. Si le petit frère dit alors : « Pourquoi on ne doit pas ? » et entend mettre les interdictions en question, la tentative de la grande sœur pour trouver un argument en leur faveur peut échouer, et le petit frère peut être assez malin pour s'en apercevoir; mais il serait un jeune fou si, sur cette base, il décidait d'ignorer ces interdictions. Pour prendre une autre comparaison, il y a l'histoire bien connue du juge, vieux et sage, disant à son plus jeune collègue de commencer en ne donnant aucune raison en termes de lois de ses décisions juridiques; la raison en était qu'il pensait que le plus jeune en savait assez sur la loi, et en connaissait suffisamment le sens, pour prendre la plupart du temps de bonnes décisions, mais qu'il embrouillerait les choses en essayant d'expliciter les raisons de ces décisions.

De la même façon, j'affirme que les chrétiens ont plus de raison d'espérer le guidage du Saint-Esprit dans l'enseignement moral réel que l'Église donne que dans la recherche des arguments qui le justifieraient. Pour citer Aristote, le but ici n'est pas de comprendre mais d'agir ; ce qui importe le plus est que les hommes fassent ce qui est bien et le fassent en le voulant comme il convient, et non pas qu'ils aient une argumentation impeccable de la raison pour laquelle c'est bien là ce qu'il faut faire. Si la religion chrétienne est réellement vraie, si les promesses du Christ ont vraiment une valeur, nous pouvons être confiants : l'enseignement moral de l'Église dans une tradition claire, avec une ferme ligne directrice, n'est pas une tromperie ; que les efforts apologétiques pour justifier l'enseignement soient infectés par des erreurs humaines est bien ce à quoi on peut s'attendre, et cela n'a rien de scandaleux.

Passons à un autre élément de l'enseignement moral chrétien : la prohibition du suicide. Comme pour la moralité sexuelle, nous trouvons sur ce point un conflit aigu entre l'enseignement de l'Église et l'*ethos* du milieu païen dans lequel l'Église s'est d'abord développée ; et la tradition d'opposition au suicide est ancienne, claire et nettement définie. Je me propose de montrer pour le moment que la connexion entre les deux sujets, le sexe et le suicide, est plus étroite qu'il peut le sembler ; je pense que ce n'est pas un accident si, à notre époque, les rébellions contre la tradition de l'Église sur ces deux questions apparaissent simultanément, et que les personnes concernées sont en partie les mêmes ; on remarque que souvent les ennemis humanistes du christianisme et les faux frères parmi les chrétiens se retrouvent à plaider en faveur de l'euthanasie

(le suicide pour échapper à la souffrance et au handicap)
et une « réinvention » de la moralité sexuelle.

Certes, les arguments contre le suicide sont souvent
aussi mauvais que ceux proposés pour défendre la moralité
chrétienne traditionnelle dans le domaine de la sexualité.
L'argument que le suicide est un meurtre de soi, aussi
ancien soit-il, n'est vraiment pas le meilleur. Comme l'a
jadis montré Anthony Flew, vous pourriez aussi bien
condamner les rapports maritaux comme un adultère avec
votre propre femme ; dans les deux cas de « x tue y » et
de « x copule avec la femme de y », l'identification des
variables de telle façon qu'il s'agisse les deux fois de « x »,
fait une différence pouvant s'avérer moralement pertinente.
De nouveau, l'argument que le suicide élimine une chance
de se repentir de ce que l'on a fait peut suffire à montrer
que *si* le suicide est un péché, c'en est un grand, mais ne
peut servir à montrer que le suicide *est* un péché.

Malgré tout, je ne doute pas que le suicide soit en réalité
mauvais. La base solide que j'ai pour le dire est la confiance
en la tradition chrétienne à ce sujet ; l'argument que je
présente pour défendre la tradition m'est propre, et j'espère
que s'il était mis à mal je continuerais à avoir la même
idée à cet égard. C'est un argument lié à ce dont j'ai parlé
auparavant. Notre moralité doit s'agencer à ce que nous
sommes et où nous sommes, à notre nature réelle et notre
position dans l'ordre des choses : autrement, c'est seulement
hors sujet. Je rejette l'idée de codes moraux que chacun
bricolerait par lui-même et, aussi bien, celle que nous
devrions avoir à saisir certaines relations de convenance
s'établissant, par une nécessité conceptuelle, entre nos
actions et les circonstances. C'est une tradition britannique de philosophie morale, représentée encore tout à fait
récemment dans certains écrits de C. D. Broad ; nous

pouvons certes suspecter qu'elle repose sur l'usage dans l'argumentation éthique de certaines des suppositions biologiques fantastiques que j'y ai rencontrées ; il nous est demandé de supposer une femme donnant naissance à un chiot normal et en bonne santé, une drogue grâce à laquelle des chatons deviennent des animaux rationnels ou de la semence humaine passant par les airs et pouvant aller s'implanter dans un tapis Aubusson. La seule théorie sur la base de laquelle ces suppositions méritent d'être prises au sérieux – et non pas sèchement écartées avec une formule à la Tommy Traddles[1] : « Ce n'est pas ainsi, vous savez, dès lors, si vous permettez, on ne va pas le supposer » – du moins, le seul sens que je puisse leur donner, est qu'en éthique, nous aurions à essayer de discerner des relations *a priori* de convenance : il n'importerait pas que les caractéristiques des actions ou des circonstances sur lesquelles la convenance se fonde apparaissent toujours physiquement. Or, je ne vois aucune raison de nous fier à notre compétence s'agissant de produire des programmes moraux pour des mondes possibles – et j'en reste à notre monde.

De plus, je soutiens que le Péché originel est un fait, sinistre et envahissant, concernant la condition humaine ; et il est possible de le penser même si, au sujet de cette condition, on ne partage pas la foi et l'espérance chrétiennes ; c'est possible parce que c'est bien ainsi que pensaient certains grands penseurs qui n'étaient pas chrétiens, notablement Schopenhauer. Pour lui, le suicide, bien loin d'être un remède ou une façon de s'évader de cette volonté mal dirigée qui est notre fléau, est l'affirmation par elle-même, finale et désespérée, de la volonté mauvaise. Pour Schopenhauer, la souffrance ou le malheur qui rend le

---

1. Un personnage de *David Copperfield* de Dickens (N.d.T.).

suicide tentant est comme le coup de bistouri du chirurgien qui coupe à la base les tissus malades ; *finditur nodus cordis*. Mais l'homme de volonté mauvaise et obstinée, qui alors se suicide, est comme le patient lâche cachant sa maladie plutôt que de faire face à l'opération douloureuse. Voici un cas pur : un mauvais chef ou un grand escroc qui n'a aucune chance de s'échapper sinon par le suicide ; c'est clair : la mort recherchée volontairement n'est pas une renonciation à la volonté mauvaise, c'est même tout le contraire.

L'autre face de la même pièce est présentée dans la nouvelle de R. L. Stevenson, *Markheim*. Le jeune Markheim, qui vient juste de tuer un homme dans sa boutique d'antiquités, afin de le voler, se trouve confronté au Diable, sous forme humaine, qui le salue comme une vieille connaissance, et entreprend de lui montrer comment, sans aucun espoir, il est pris à son propre piège ; il ne peut penser pouvoir profiter de ce crime et avoir, grâce à lui, une meilleure vie. Leur discussion est interrompue par la servante qui sonne à la porte. Le Diable pousse vite Markheim à la faire entrer et à la tuer, en ayant ainsi toute la nuit pour fouiller à son aise la maison. Mais Markheim en a assez. Convaincu par le Diable que cette voie ne le mènera à aucun bien, il finit par penser qu'il devrait, au moins, ne pas faire plus de mal. Avec le sentiment d'un marin arrivé au port après avoir essuyé la tempête pendant son voyage, il laisse entrer la servante et lui demande de prévenir la police. À ce moment-là, les traits sardoniques du Diable se changent en ceux d'un ange, et tout en changeant se dissolvent et disparaissent – comme si Stevenson souhaiter présenter visuellement ce que Schopenhauer voulait dire par la conversion de la volonté.

Ce n'est en rien une digression : attirer l'attention sur le Péché originel est la meilleure voie pour commencer la réflexion sur la morale sexuelle. Le désir sexuel, que nous partageons avec les animaux, n'est bien sûr pas le Péché originel, et le récit de *La Genèse* n'a en rien à être compris comme signifiant que le premier péché serait sexuel. Pour autant, il y a manifestement une relation intime entre la sexualité humaine, telle qu'elle est maintenant (nous n'avons pas à nous interroger sur les actes sexuels avant la Chute), et le péché originel ; car c'est normalement par des actes sexuels que le péché originel est transmis à une nouvelle génération ; quoique j'ai aussi montré qu'il se transmet aussi bien par insémination artificielle, et sera encore transmis si d'autres moyens, disons la parthénogénèse artificielle, devenaient possibles. Je vais essayer d'indiquer, aussi soigneusement que je le peux, ce qu'est à mon sens cette relation.

Dans la corruption du péché originel, dans l'égarement des téléologies humaines, tout l'homme est impliqué ; il n'y a pas une pluralité d'âmes, ou quelque chose de cet ordre, avec une partie qui pourrait être infectée et pas une autre. Les pouvoirs reproducteurs et ses appétits sont nécessairement corrompus : ils sont en effet les moyens mêmes par lesquels l'appétit corrompu à l'origine se perpétue lui-même. Dans l'état actuel des choses, il s'ensuit qu'une plongée dans le sexe est, par sa nature, une chute dans un puissant courant nous entraînant si rapidement que nous ne pouvons nager contre lui : nous sommes conduits dans la mauvaise direction *à moins* qu'une aide divine spéciale ne nous soit offerte.

Contre ce mal énorme, les chrétiens pensent que Dieu a aussitôt offert un remède, sans attendre même l'Incarnation : le bien immense du mariage. Malgré toute la

corruption humaine et toute la déformation de l'institution
maritale, l'immensité de ce bien est tout à fait visible,
même à part des traditions chrétienne ou juive. « Rien de
plus beau et de plus noble », dit Ulysse dans l'Odyssée,
« que, pour deux esprits n'en faisant qu'un, d'habiter
ensemble dans une même maison »[1] : au nom de ce bien
immense, Pénélope est restée seule dans cet amour fidèle
pendant de nombreuses années et Ulysse a préféré rentrer
à la maison, auprès de sa femme âgée, plutôt que les
étreintes d'une déesse et par-dessus le marché la jeunesse
et l'immortalité, « parce qu'il pensait », dit Aristote en
commentant cette histoire, «que l'immortalité obtenue par
le vice était le plus grand des maux »[2]. C'était la même
chose dans l'idée d'une *confarreatio*, dans la Rome ancienne
– rompre ensemble le pain – qui devait lier ensemble pour
la vie.

Le mariage fidèle, une union de la chair, du cœur et de
l'esprit, peut neutraliser la corruption du sexe dans l'homme
déchu, du moins en ce qui concerne les époux eux-mêmes.
Mais en ce monde, une rémission complète n'est pas
possible : car la progéniture du meilleur mariage naîtra
dans le péché originel, vivra dans les périls comme les
parents ; mais, malgré tout, les enfants sont la bénédiction
et le couronnement du mariage – quand l'appétit ancestral,
malheureusement corrompu jusqu'à la racine, reprend
corps et produit de nouveau un individu, un nouvel intellect
apparaît et avec lui la possibilité qu'alors la nouvelle
volonté, dans cet individu, soit éclairée et suive le bon

---

1. Homère, *Odyssée*, Livre VI. Retraduit à partir du texte anglais
afin de garder l'esprit de la traduction faite par Geach (N.d.T.).
2. Peut-être une référence à Aristote, *Éthique à Nicomaque*, V, 4,
trad. fr. J. Tricot, Paris, Vrin, rééd. 2007, p. 237 (N.d.T.).

chemin ; à tous les hommes la grâce est en effet offerte, et avec elle l'espérance de la gloire.

Le sexe est un poison en dehors du bien du mariage qui le rachète. Ce n'est pas le problème des bas appétits animaux partagés avec des singes dont nous descendons et prenant le dessus sur une volonté faible ; ce qui déforme l'appétit animal est la perversion radicale ou l'égarement de la volonté. C'est donc ainsi que l'homme est devenu si lubrique, à un degré inconnu parmi les singes – pas besoin de les blâmer ! Un prêtre, ayant acquis une autorité religieuse auprès de ce monde abject, a écrit un pamphlet pour assumer la grande lubricité de l'homme ; les Pères y auraient vu l'évidence manifeste du péché originel ; mais lui y voyait plutôt un enrichissement de notre vie, renforçant la dignité d'une créature rationnelle.

C'est ainsi que les hommes sont lubriques, de moult façons et grand raffinement : ils doivent avoir leurs 57 positions ; et ici encore la perversion délibérée dépasse toutes les anormalités animales. Il existe une manière pour les mâles de se soumettre à la mutilation chirurgicale, comme Sporus, le favori de Néron, pour jouer le rôle de la femme ; j'ai même lu un récit rédigé par les parents d'une jeune fille dont le psychiatre lui avait notifié que sa psyché était masculine et qui entreprit alors une abominable série de traitements médicaux et chirurgicaux pour conformer son corps à cette prétendue masculinité · le résultat final, de l'avis de tous, fut tout à fait déplorable. Mais je n'ai aucune envie de faire concurrence à saint Pierre Damien et de vous proposer un Livre de Gomorrhe.

Rien ne peut être plus faux que « Faites l'amour, pas la guerre », avec le sens qui lui est généralement donné. L'agressivité meurtrière, intense et ingénieuse de l'homme, sa lubricité extrême et variée, ce sont là deux aspects de sa corruption ; et aucune des deux, agressivité et lubricité, ne peut être reprochée, selon toute évidence, aux singes dont nous descendons, car les anthropoïdes sont, de loin, beaucoup moins lubriques que les hommes, et aussi bien moins disposés que les hommes à tuer à l'intérieur de leurs propres espèces : la pratique de la guerre leur est inconnue. La cruauté ne résulte pas de l'expression déniée d'une luxure refoulée : des degrés extrêmes de cruauté et de lubricité ont souvent coexisté dans des sociétés corrompues. Schopenhauer en a vu très correctement un symbole dans Shiva, la déesse de la destruction et du meurtre qui est aussi celle du lingam ou phallus ; et Héraclite dit aussi que Dionysos, en l'honneur duquel les hommes entonnent la chanson du phallus, est aussi Hadès. Dans les fausses religions en fait, la même divinité est souvent honorée simultanément par la luxure et la cruauté – comme au Mexique, par le rituel de la sodomie et de vastes sacrifices humains.

Laissons cela pour nous tourner vers des thèmes préférables, respirons l'air des hauteurs plutôt que celui des rues fétides. Le mariage est un grand bien, mais pas le meilleur : la virginité, une totale consécration à l'amour de Dieu qui exclut l'amour humain sexuel, est ce qu'il y a de meilleur – la plus glorieuse victoire sur notre corruption. Schopenhauer l'a bien compris ; il ne pouvait manquer de voir la rédemption de l'humanité par un mâle virginal né d'une mère vierge comme le symbole le plus approprié de la victoire sur le monde. Pour Schopenhauer, comme je l'ai dit, ce n'était qu'un mythe : il soutenait que nous ne pouvons faire nôtre la finalité de la volonté convertie. Pour les chrétiens, ce n'est pas un mythe ; mais Schopenhauer, tout en restant extérieur au christianisme, a contemplé sur les visages des saints cette paix à laquelle, en vain, il aspirait. Il était loin, je le crains, du Royaume de Dieu, mais pas autant que ceux qui, tout en se prétendant chrétiens, haïssent l'idée même de la Vierge Mère de Dieu.

L'idéal élevé de la consécration virginale n'est pas pour tous ; mais aucun d'entre nous ne peut dire ce qui nous sera demandé. Dieu ne s'est pas engagé à ne pas demander de grandes choses à qui que ce soit d'entre nous ; nous pouvons tous être appelés à vivre bravement une vie virginale, comme Pénélope attendant Ulysse. Dès lors, personne ne peut en toute assurance se contenter d'un médiocre degré de vertu : « Soyez parfaits, comme votre Père céleste est parfait »[1].

1. *Mt.*, 5, 48 (N.d.T.).

CHAPITRE VIII

LE COURAGE

C'est une bonne chose que la vertu dont il sera question dans le dernier chapître de ce livre soit le courage. Car le courage est la vertu de la fin – ce qui fait qu'un homme endure jusqu'au bout et lorsque le mal est extrême. Le courage est ce dont nous avons tous besoin à la fin ; nous avons tous à mourir, et la possibilité d'une mort atroce n'est exclue pour personne : une mort extrêmement douloureuse ou à l'issue d'une longue maladie invalidante.

On a constamment besoin du courage dans le cours ordinaire du monde ; dans les *Screwtape Letters* [1], le malin se lamente que lui et ses collègues ne peuvent avoir qu'un succès tout à fait temporaire dès qu'il s'agit de faire que les hommes déprécient le courage, parce que Dieu, leur ennemi, a fait de telle sorte que les afflictions et les dangers du monde montrent la nécessité et la beauté du courage. Cependant, dans les cercles académiques en Angleterre, une telle dépréciation du courage semble être une mode intellectuelle. Dans le premier chapitre de ce livre, j'ai attiré l'attention sur l'assimilation, délibérée et très curieuse, que fait Hare entre, d'une part : « Le courage est évidemment admirable » et « Les nègres sont évidemment

1. *Tactique du diable* (*op. cit.* p. 98, n. 1) (N.d.T.).

méprisables » (voir son livre *Freedom and Reason*, p. 187-189), et, d'autre part, sa dépréciation du « prétendu courage "physique" » (p. 149). Il soutient qu'il serait risqué d'affirmer que le courage physique « conduit dans l'ensemble au bien-être humain », à tout le moins s'agissant de la société moderne. Du présent chapitre, j'ai présenté une version préliminaire dans bon nombre d'universités anglaises, et je n'ai pas été surpris d'y trouver plus de sympathie pour l'attitude de Hare que pour la mienne.

Défendre le courage, c'est enfoncer des portes ouvertes : mais pour nous qui le défendons, inutile de craindre l'accusation d'en appeler simplement à la signification des mots ou de dire ce qui, par définition, est vrai. On a besoin du courage du fait de ce que le monde sera toujours, jusqu'au Jugement dernier. Dire qu'une vérité est incontestable, ce n'est pas la rendre vraie en vertu de la signification des mots : comme Norman Malcolm l'a remarqué, « Il y a beaucoup de chiens alentour » et « Beaucoup d'hommes portent des chaussures » sont tous deux incontestablement vrais, même si, s'agissant de la signification des mots, les chiens pourraient être une espèce éteinte, comme les dodos, et les chaussures aussi obsolètes que les toges.

Examinons alors ces faits manifestes, concernant la manière dont les hommes vivent et doivent vivre, et qui rendent nécessaire le courage. Pour commencer, comme Chesterton l'a remarqué, sans le courage de leurs mères souvent les gens ne seraient pas nés ; cette vérité est plus évidente aujourd'hui depuis que la maternité est plus une affaire de choix. Un avortement précoce bien conduit est physiquement plus sûr qu'une grossesse menée à son terme ; du moins, le lobby de l'avortement présenterait les choses ainsi, et je ne souhaite pas contester leurs statistiques ; la contraception est sans doute encore plus sûre. Même en dehors du risque que la maternité occasionne la mort ou un handicap physique permanent, porter un enfant jusqu'à terme peut exiger une endurance considérable. S'il arrivait qu'une large proportion de femmes ne voulaient plus endurer la grossesse et risquer leurs vies dans l'accouchement, alors la race humaine prendrait fin ; ce qui ne serait pas une mauvaise chose si elle en venait à ce point de corruption. Mais nous avons la promesse de Dieu que, avant le Règne, semence et moisson ne nous manqueront pas, et nous pouvons en confiance penser que, jusqu'à ce terme, la grâce d'avoir des enfants ne nous fera pas défaut non plus.

Disons-le encore, nos corps sont très vulnérables, constamment exposés au péril de la blessure et de la mort ; mais si nous étions toujours inquiets de les protéger, nous serions privés de très nombreuses activités, perdrions de nombreuses joies, souffririons de multiples inconvénients et nous serions constamment affligés d'une pénible crainte. Il serait un lâche complet celui qui ne jouerait à aucun jeu supposant un investissement physique, n'escaladerait aucune montagne, ne monterait pas à cheval ou sur une bicyclette. Hare lui-même écrit : « Cependant, peut-être, les hommes ne devraient pas se faire à l'idée qu'ils sont des lâches complets à moins qu'ils ne soient convaincus de ne pouvoir rien y faire » (*Freedom and Reason*, p. 155). En effet : le moins athlétique d'entre nous a besoin d'un *modicum* de courage s'il veut vivre dans une ville moderne. Si ses idiots de parents ont laissé un homme devenir un lâche complet, il peut en effet être difficile pour lui d'y changer quelque chose ; c'est une bonne raison pour de tels parents d'éviter une telle idiotie.

De la part de Hare, c'est bien léger de dire que dans une société moderne le courage est une « excellence humaine dont la base utilitaire est un vestige » (p. 149). Les Russes parlent des Héros du Travail, et ce n'est pas une expression vide. Sans beaucoup de patiente endurance, et en cas de nécessité de courage, le charbon ne serait pas extrait, l'acier façonné ni les poissons pêchés ; notre société repose sur les épaules de ces braves gens, qui comme ceux de l'armée des mercenaires, de Housman, « reçurent comme solde la somme des choses »[1]. Il n'y a pas longtemps, un jeune camionneur a donné sa vie pour éviter que son véhicule ne devienne un danger quand les freins ont lâché ; il est mort aussi bravement qu'un soldat.

Hare oublie manifestement ce courage civil quotidien quand il suggère que nous n'en avons plus besoin « dans l'état présent de la science militaire » (une thèse dont je ne pense pas que les Israéliens et les Égyptiens l'accepteraient) ; comme Platon et Aristote, il a pour modèle le courage dans la bataille. C'était naturel pour les philosophes grecs, du fait des guerres continuelles entre les cités-États grecques ; en les lisant, nous pouvons et nous devons nous mettre à leur place avec une sympathie imaginative ; mais cela ne signifie pas qu'il nous faille penser le courage d'abord en termes militaires.

Même en temps de paix, le cours ordinaire du monde est fait de telle sorte que les hommes ont régulièrement besoin de courage, et certains ont parfois besoin de très grand courage ; le courage de supporter, d'affronter le pire. Il est vraisemblable que bien peu pourront se persuader

---

1. Geach cite le dernier vers d'un poème de Alfred Edward Housman, paru en 1916, dans le *Times*. Il fait allusion aux soldats anglais lors de la Première Guerre mondiale – ceux dont l'empereur Guillaume II avait parlé comme de la « méprisable petite armée anglaise » (N.d.T.).

que le courage n'a vraiment rien d'admirable, mais il y a plus probable : que les gens finissent par considérer le courage comme un idéal admirable plutôt qu'une vertu du quotidien, attendue de nous. L'Église romaine applique l'expression de « vertu héroïque » aux saints canonisés ; elle en est venue à être communément utilisée pour signifier une vertu qui se trouve quelquefois chez les hommes et les femmes pétris d'un héroïsme qu'on ne doit pas attendre des gens ordinaires. C'est un piège diabolique de la Section philologique de l'enfer[1]. Une situation d'urgence offrant seulement le choix d'être très brave ou d'être coupable de quelque chose de tout à fait honteux – que ce soit en agissant ou en s'abstenant d'agir – c'est ce dont personne ne peut être sûr de n'avoir pas à l'affronter au cours de sa vie. Ou encore, un homme peut avoir à supporter pendant un long moment une certaine affliction, à laquelle on ne peut échapper sans honte. Tout n'est pas perdu pour celui qui échoue dans cette épreuve, pour peu qu'il se reconnaisse coupable ; il y a alors une chance de contrition et d'amendement ; mais c'est la mort absolue de l'âme s'il se complaît lui-même en se disant : « Cela aurait été d'une héroïque vertu et je ne suis pas un héros – on ne pouvait attendre cela de moi ».

Un homme n'a pas le droit de demander de n'être jamais placé dans des circonstances exigeant courage et endurance : il ne peut en rien l'exiger de ses semblables, moins encore de Dieu. L'excuse « je ne suis pas un héros » appelle cette réponse : « Vous êtes un héros, au sens grec du mot : non pas seulement un fils de parents mortels, mais

1. Allusion à la lettre XXVI des *Screwtape Letters* (*Tactique du diable*) de C. S. Lewis. La Section Philologique de l'Enfer a réussi à remplacer le terme « charité » par le terme « désintéressement » (N.d.T.).

de Dieu ». Comme je l'ai déjà dit, c'est tous les jours un miracle quand d'un zygote, qui n'a qu'une vie végétative, on passe à une créature rationnelle, capable d'un discours raisonnable et de libre choix : quelque chose qui en principe ne peut pas être expliqué dans les catégories suffisantes pour décrire une nature infra-rationnelle, mais seulement par une intervention divine spéciale – c'est le doigt de Dieu. Le roi imprime son image sur chaque pièce de monnaie, puis le moule est cassé, de telle façon qu'on ne puisse en frapper d'autres similaires. Quiconque saisit avec un peu d'imagination une telle merveille ne se sentira pas enclin à penser que « la science rend impossible à toute personne qui réfléchit d'accepter une naissance virginale » ; ce que ces gens qui réfléchissent appelle « science » ne peut pas expliquer la naissance d'un seul homme, sans même parler de celle de l'Homme.

S'ils croient qu'ils sont les fils de Dieu, comment les hommes devraient-ils vivre ? Apparemment, Alexandre le Grand croyait réellement l'histoire de sa mauvaise mère selon laquelle il n'était pas le fils de son père putatif, Philippe, mais de Zeus. Il l'a peut-être cru toute sa vie. Et la réaction d'Alexandre fut sa décision d'être à la hauteur de son origine divine (être l'élève d'Aristote l'a sans doute aidé). Il devait aimer la sagesse et la vertu, gouverner avec justice, être irréprochable par son courage et son endurance à la guerre, montrer de la pitié et de la générosité envers ses ennemis à l'heure de la victoire. Tel était l'idéal d'Alexandre ; il s'efforça de vivre en le respectant, et il se repentait amèrement quand il n'y parvenait pas (ainsi quand, en état d'ivresse, il tua involontairement son ami Cleitos).

Qu'en est-il de nous ? « Ne donnez à personne sur la Terre le nom de Père », nous est-il dit, « car il n'est pour vous qu'un seul Père »[1], un Père plus grand que le Zeus olympien, qui peut promettre des meilleures choses aux vainqueurs que les Champs-Élysées. Les sollicitations et les corruptions du monde rendent difficile de nous souvenir de ce que nous sommes, et de ce que sommes destinés à être, et aussi d'y croire d'un plein assentiment : nous sommes les enfants du Dieu vivant, et il peut nous appeler à faire de grandes choses. Il peut nous être demandé beaucoup ; mais en ce cas, Dieu nous donnera la force de satisfaire la demande, si seulement nous croyons en lui.

Ne peut-on cependant pas supposer un homme qui, sans que ce soit de sa faute, se trouve confronté à un dilemme, sans aucune issue honorable, ou soumis à une telle pression qu'il ne peut que choisir le mal ? Seuls ceux qui ne croient pas en la Providence divine ou ne sont pas conséquents s'agissant de ce que cette croyance implique peuvent l'envisager comme une possibilité. Un homme qui agit de façon déshonorable, par exemple dans sa vie maritale, peut en effet se retrouver dans une situation où il ne peut que causer du tort à A ou à B ; mais un homme ne peut se retrouver dans un tel dilemme innocemment ou par la faute des autres. Dieu n'exige pas d'un serviteur fidèle le choix désespéré entre le péché et le péché.

Un homme ne peut pas plus être contraint de choisir le mal ; contrairement à ce qu'une propagande de l'ennemi voudrait nous faire accroire, il n'existe pas de technique scientifique pour qu'une telle contrainte fonctionne infailliblement. Un tyran peut sans doute abuser un homme par des drogues, la privation de sommeil ou de toute sensation,

1. *Mt*, 23, 9 (N.d.T.).

et des choses de ce genre, de telle façon qu'il soit dépourvu, de façon temporaire ou permanente, du pouvoir de la pensée rationnelle et du choix ; mais ce n'est pas une victoire sur la volonté d'un homme. C'est une simple confusion de supposer qu'une technique puisse laisser à un homme son pouvoir de libre choix et cependant déterminer la façon dont il choisit ; aussi bien pourrait-on supposer qu'un prestidigitateur sans pareil puisse réussir le tour de l'attrape-pouce. [1] Si un homme a le choix entre des possibilités, celle qui sera réalisée dépend de lui ; nous ne pouvons de façon consistante *à la fois* supposer qu'il en est ainsi *et* croire qu'une certaine technique des scientifiques du tyran détermine la réalisation d'une possibilité avant que la victime ait seulement choisi. Tant qu'un choix est laissé, un choix courageux est possible. Beaucoup d'hommes ont cédé dans les camps de concentration ; Maksymilian Kolbe a triomphé.

Ce que je viens de dire provoquera une double contestation : l'une concerne cette sorte de confiance dans la Providence, l'autre est une dépréciation du courage induit par une telle confiance. La première attaque viendra non seulement de ces gens qui n'ont pas de croyance en Dieu mais aussi, je le crains, de certains qui se disent chrétiens. À la première classe d'opposants, pour le moment je dis seulement ceci : pensez si ça vous chante que c'est une folie de croire en un Dieu qui guidera les pas de ses enfants

---

1. J'ai constaté que tout le monde ne sait pas à quoi se réfère cette expression. Insérez votre pouce gauche, pointé verticalement vers le haut, dans votre main droite serrée, de sorte que la pointe du pouce dépasse. Maintenant, déplacez rapidement votre main gauche autour du haut de votre main droite, à temps pour attraper le bout du pouce avant qu'il ne soit retiré ! Un fou, dit la légende, a passé de nombreuses heures à essayer de le faire, mais n'a jamais été *tout à fait* assez adroit. (N.d.A.)

de telle façon qu'ils n'aient pas à choisir entre le péché et
le péché ; mais dans ce cas, réalisez que vous devez abandonner une autre critique : celle que la croyance en Dieu
ne dit rien au croyant de ce qu'il peut attendre dans le
monde, qu'elle est irréfutable parce que vide.

L'autre classe d'opposants à cette thèse de la Providence
comprend ceux qui soutiennent qu'un homme dont la vie
est « incarnée » se sentira concerné par les affaires de ce
monde et se consacrera à ses occupations sans trop se
soucier de garder les mains propres. Ce n'est pas ce que
le Christ nous a appris – lui qui fut tenté à tous égards
comme nous, quoique sans péché, et qui se réfugia dans
la prière à son Père quand des hommes lui offrirent un
royaume terrestre. Le *Livre de Daniel* nous dit, et l'observation quotidienne le confirme, que Dieu donne les
royaumes du monde aux hommes les plus vils ; quelqu'un
qui convoite le pouvoir terrestre peut en effet se retrouver
dans une impasse sans aucun moyen décent de s'en sortir.
Mais nous devons prier, non pas pour que les gouvernants
de ce monde se comportent avec justice et s'aiment les
uns les autres – car quoi que les auteurs des prières d'inter-
cession puissent penser, Dieu n'a pas promis de satisfaire
ces demandes, et même au contraire il nous a prévenus
qu'il n'en ferait rien – mais nous devons prier pour que le
Royaume advienne, peut-être même de nos jours.

À nouveau, les ennemis de la foi déprécient le courage
des martyrs en les comparant à d'autres hommes : ceux-ci
n'espéraient aucune récompense dans la vie après la mort,
ceux-là avaient la certitude d'en recevoir au ciel, dans la
gloire. Ces incroyants imaginent que les chimères d'un
martyr lui rendent les choses tout à fait faciles. Mais, après
tout, ce n'est pas si facile de se maintenir dans la foi qui
fonde une telle espérance tout en endurant des privations,

des tortures et le danger imminent de mourir. La certitude que la foi confère est au mieux celle que la grande récompense peut être obtenue, non pas que l'homme confronté au martyr l'obtiendra réellement.

Des hommes pourtant d'une grande noblesse ont été assaillis par la tentation, sur ce mode : supposons qu'avant ma mort, je désire vivre désespérément, même au prix de l'apostasie – me faudrait-il alors mourir à contrecœur, en perdant tout, ici et dans l'au-delà ? Nous avons des témoignages de la façon dont certains ont fait face à la tentation. La fille de saint Thomas More lui posa la question de ce qu'il adviendrait s'il ne changeait de façon de penser que trop tard pour sauver sa vie. Il répondit : « Si ce n'est de ma faute, il ne fera pas que je sois perdu. Je dois donc, en toute espérance, me fier entièrement à lui. Et s'il me laisse périr pour mes fautes, qu'au moins je serve à la louange de sa justice ». Bunyan ressentit la même tentation. Les juges brutaux qui le condamnèrent à la prison avaient menacé de l'envoyer ensuite à la potence. Ignorant comme il l'était de la loi, il ne savait pas qu'il ne pouvait être condamné à mort ; il lui vint alors l'idée glaçante qu'avec la corde autour du cou il pourrait désespérer et se perdre. C'est ainsi qu'il a raconté sa résolution :

> Je veux continuer et risquer la vie éternelle avec le Christ, que cela m'aide ou non. Si Dieu ne me secourt pas, pensai-je, je me jetterai de l'échelle les yeux bandés dans l'éternité : je coulerai ou je nagerai, que ce soit au Paradis ou en enfer. Seigneur Jésus, peut-être voudrez-vous me rattraper ; si non, c'est en votre nom que je cours le risque.

Voilà ce qu'est le courage des martyrs, au plus haut point : c'est quelque chose d'impressionnant ; que personne n'ose le dire facile.

Il est faux, même si c'est habituel, d'identifier le martyr à la mort pour les vérités de la foi. Toute vérité et toute justice sont celles de Dieu : un homme ne cesse pas d'être un martyr si la vérité pour laquelle il meurt n'est pas théologique ou si les droits pour lesquels il meurt en les défendant ne sont pas ceux de l'Église. (Je dis ici la même chose que Thomas d'Aquin : voir *Summa Theologica*, IIaIIae, q. 124, a. 5.) Un homme ne serait pas moins un martyr si un tyran le tuait pour avoir protesté contre l'injustice faite aux pauvres, ou si une foule fanatique le lynchait pour avoir enseigné que π n'est pas 3, contrairement à « ce qui est dit dans la Bible » (1 *Rois*, VII, 23). Si un homme de foi meurt pour la vérité et la justice, il meurt pour Dieu ; comme le dit un nouveau Canon de la Messe, il doit y avoir maintes personnes dont la foi n'est connue que de Dieu.

Néanmoins, nous devons maintenir la vieille thèse que ce n'est pas la mort mais la cause qui fait le martyr. Non, ce n'était pas du martyr quand de jeunes allemands « idéalistes » furent tués dans les premiers jours du mouvement nazi :

Kameraden, die Rotfront und Reaktion erschossen[1].

Ce ne serait pas plus du martyr si un idolâtre mourait en défense de ses idoles ou un fanatique en soutenant jusqu'à la mort, contre un gouvernement infidèle, que π est égal à 3 parce que la Bible le dit. Comme le dit Thomas

---

1. Il s'agit d'un passage du Horst-Wessel-Lied, devenu hymne national sous le régime nazi. Ce vers dit « Camarades tués par le Front Rouge et la Réaction ». Horst Wessel est un militant nazi abattu en 1930 (N.d.T.).

d'Aquin, *fidei non subest falsum* [1]. La foi, connue de Dieu seul, n'en doit pas moins être la foi en ce qui est vrai : elle est la vertu permettant à un homme de discerner sa fin dernière véritable, dont le Péché originel le détourne, et c'est grâce à elle qu'il revient sur le droit chemin dont les tentations l'écartent. Il n'y a de foi que par la grâce de Dieu, qui est la Vérité et ne peut imposer son sceau sur un mensonge. Cette façon de parler dans laquelle de fausses religions sont présentées comme des « fois » est d'une confusion grave ; ce n'est pas une vertu de croire obstinément ce qui est faux ; celui qui meurt pour cette croyance ne meurt pas pour la foi et n'est pas un martyr.

Voici un aspect particulier d'une vérité générale au sujet du courage : il ne peut pas y avoir de vertu dans le courage, au sens de faire face à un danger soudain ou d'endurer une affliction, si la cause dont il s'agit est sans valeur ou positivement vicieuse. Quelquefois, le débat porte sur la question de savoir si nous devrions dire que tel « courage » n'est pas réellement du courage, ou si c'*est* du courage mais pas réellement une vertu. Je ne crois pas que ce soit un vrai problème puisque j'ai introduit « courage » comme désignant une vertu, et je m'en tiendrai à cette première façon de parler, mais rien d'important ne tient à cela. L'endurance ou la défiance à l'égard du danger dans la poursuite d'une fin erronée ne sont en rien vertueuses et elles ne sont pas courageuses non plus, à mon avis.

Il n'y a dès lors aucun courage sans les autres vertus morales : en particulier, pas de courage sans prudence. Cette formule semble légèrement paradoxale parce que le terme « prudence » en est venu à être dévalué comme

---

1. Voir Thomas d'Aquin, *Somme Théologique*, II-II, 1, 3 : « la foi ne peut pas porter à faux », (N.d.T.).

d'autres noms donnés aux vertus ; il en est venu à signifier une habileté astucieuse pour s'assurer du bien-être de sa petite personne dans le monde. La signification que je propose est bien sûr qu'il n'y a pas de courage sans un *habitus* de bon jugement au sujet des situations pratiques. Mais en fait, dans de nombreuses situations, ce qu'on peut faire de plus brave est aussi, pour l'agent, ce qu'il y a de plus sûr ; même s'il faut parfois un homme brave pour, dans l'urgence, s'en rendre compte. Quand une échelle se brisa sous lui, et qu'il fut laissé tout seul au sommet du mur d'une ville hostile, Alexandre le Grand sauta immédiatement en bas parmi les ennemis ; il ne fut sauvé par ses hommes qu'après qu'il ait été gravement blessé ; mais s'il était resté sur le mur – devenant une cible pour les lances et les flèches – ou s'il avait sauté du côté de ses propres hommes, il aurait certainement péri [1].

À l'inverse, toute attribution d'une vertu autre que le courage peut être contestée si le manque de courage est établi. Le juge polonais dans *Cendres et diamant* [2] aurait pu avoir été considéré comme un citoyen vertueux s'il était mort avant la guerre ou dans la Résistance : sa docilité à la solde des Allemands quand il était dans le camp de concentration, battant et torturant ses compagnons prisonniers pour sauver sa propre peau, montre clairement que ce qui apparaissait comme des manières vertueuses n'était guère que conditionnel, tant que les choses n'étaient pas trop difficiles, et donc n'était pas du tout de la vertu – et,

1. Il est amusant que Hume rejette de telles histoires au sujet de la valeur d'Alexandre comme contraire à toute l'expérience humaine ; certes, *lui* n'a jamais rencontré un général qui se serait comporté ainsi.
2. *Popiól i diament* : il s'agit d'un roman de Jerzy Andrzejewski (et aussi du film que Andrej Wajda en tira, en 1958, sous le même titre). (Ndt)

peut-être encore plus, ce qui le montre est qu'après avoir été mis en cause, il ait plaidé pour qu'on jette aux oubliettes cet épisode malheureux d'une époque troublée et qu'il puisse retourner à une carrière civile qui pourrait encore être utile et honorable. En y réfléchissant, cela doit nous faire trembler pour nous-mêmes, mais pas nous faire désespérer ; Dieu ne laissera pas ses amis être tentés au-delà de leur force ; et nous ne devons être jugés qu'en fonction de nos œuvres, non pas seulement selon ce que Dieu sait de la manière dont nous nous serions comportés dans des circonstances qui ne sont jamais survenues. (L'attribution d'une telle connaissance hypothétique à Dieu est discutable, parce qu'il est douteux que quelque chose comme la façon dont un homme *sans aucun doute aurait* agi puisse être tirée des multiples manières dont il *pourrait* avoir agi.)

Le courage ne peut donc exister indépendamment d'autres vertus dont l'exercice fait parfois appel au courage ; à l'inverse, l'exercice d'une autre vertu peut toujours en appeler au courage, le monde étant ce qu'il est, et dès lors aucune vertu ne peut pleinement se développer sans le courage. Ce qui soulève la question générale de l'unité des vertus. Il ne saurait être question d'une unité des vices ; ils sont variés et souvent mutuellement incompatibles. Mais les vertus sont toutes au moins mutuellement compatibles ; notre nature n'est pas si radicalement endommagée que le progrès dans une vertu entraîne nécessairement avec lui la détérioration s'agissant d'une autre. La question est alors de savoir si les vertus s'impliquent les unes les autres. Pour examiner la question, je commencerai, en utilisant des formules comme « (toutes) les vertus », mais en laissant de côté les vertus théologiques.

Il y a un argument classique pour montrer que les vertus s'impliquent les unes les autres, auquel je vais donc venir. Si cet argument était valide et basé sur de véritables prémisses, il conduirait à une conception plus sombre encore de la nature humaine qu'elle n'est apparue jusqu'ici ; cela signifierait que si un homme est manifestement affecté par un vice, alors toute vertu qu'il peut sembler avoir à côté de ce vice n'est que simulée, et en réalité, il est vicieux aussi à cet égard et ne mérite pas l'admiration que sa vertu semble appeler. Bien sûr, ce n'est nullement un argument contre une thèse de dire que, si elle est vraie, elle dévoile un aspect très sombre de la vie humaine dont on ne se rend pas compte en général ; ce n'est pas non plus un contre-argument *décisif* à opposer à la thèse que la chose est contraire aux jugements moraux ordinaires des hommes. (La thèse qu'il n'y a aucune prescription morale qui ne puisse être violée dans des circonstances extrêmes forme probablement une part du jugement moral ordinaire de l'homme ; mais j'ai déjà montré que cette thèse est certainement fausse.) Il faudrait un argument extrêmement convaincant pour renverser l'enseignement apparent de l'expérience humaine partout dans le monde qu'un homme peut être louable à certains égards et très mauvais à d'autres. Je vais essayer de montrer qu'on ne peut s'attendre à avoir un argument convaincant de cette sorte, et donc que la thèse de l'unité des vertus doit être rejetée comme fausse. Nous pouvons remercier Dieu qu'elle soit fausse ; le monde présenterait un aspect tout à fait terrible si nous devions penser que quiconque est moralement mauvais en raison d'un défaut habituel grave doit être totalement dépourvu de vertu – et que toutes les vertus que des personnes mauvaises de cette façon semblent avoir sont des impostures et sont dépourvues de valeur.

Les conséquences dévastatrices de la thèse de l'unité des vertus n'apparaissent souvent pas aux gens parce qu'ils ont une conception excessivement étroite de la vertu morale. Il est notoire bien sûr qu'un homme peut travailler avec compétence et application dans un art, une science ou une administration publique et cependant être à certains égards tout à fait vicieux ; on pense à l'organiste de Harry Graham, qui

> affame ses enfants, bat sa femme…
> C'est agaçant, mais que pouvez-vous dire ?
> Vous ne l'avez pas entendu jouer, cette ordure !

Nombreux sont ceux qui soutiennent des conceptions éthiques selon lesquelles le travail de l'artiste ou de l'homme de science ne requiert et ne manifeste aucune vertu morale – ils jugeraient peut-être l'homme d'État ou le fonctionnaire différemment – et, dès lors, ils manquent de voir que de tels cas vont manifestement à l'encontre de l'unité des vertus. Il est possible que cette difficulté disparaisse instantanément en disant les choses plus clairement : c'est à peine s'il faut un argument pour établir l'absurdité d'une conception selon laquelle un homme n'aurait besoin d'aucune vertu morale pour œuvrer correctement à la tâche principale et méritoire de sa vie.

L'argument classique pour l'unité des vertus tente de montrer que la perte ou le manque de toute vertu entraîne la perte ou le manque de toutes les autres. Si vous êtes dépourvu de toute vertu morale, comportementale, alors votre jugement de ce qui doit être fait est corrompu ; on n'acquiert pas l'habitude d'un jugement moral avisé, la vertu de prudence, en apprenant les leçons d'un enseignant de philosophie morale ou de théologie morale, ou en lisant un manuel ; on doit l'acquérir et la renforcer en pratique, en se débrouillant dans les situations réelles qui sont les nôtres ; dès lors, des habitudes d'action corrompues dans un domaine détruisent l'habitus de prudence. Mais aucune vertu de comportement n'est une vertu à moins que le comportement ne soit réglé par des jugements prudents. Dès lors, la perte de toute vertu comportementale est ruineuse pour la prudence, et ainsi pour toute autre vertu comportementale. Aucune prudence alors si l'on manque de vertu comportementale ; si la prudence fait défaut, aucune vertu comportementale n'est encore une vertu ; toutes les vertus vont de pair ou tombent donc ensemble.

Je l'ai dit, la conclusion est odieuse et absurde ; il est facile de repérer la faute dans ce raisonnement. Il présuppose tacitement que si l'habitude qu'un homme a dans son jugement moral avisé est viciée quelque part, elle l'est partout. Cela ne serait vrai que si les hommes formaient leurs jugements avec une consistance rigoureuse ; mais il est notoire que ce n'est pas le cas, et nous devons en remercier Dieu. Leur ligne principale de pensée peut les conduire en enfer, mais providentiellement ils sont détournés sur une autre ligne. En traitant de l'unité des vertus, Thomas d'Aquin a suivi la conception dont je montre qu'elle est fausse ; mais il a vu l'idée que je défends au sujet de la consistance en examinant la vertu de foi. Aucun faux jugement ne peut venir d'un exercice de la vertu de foi, encore moins la constituer ; mais cela ne veut pas dire que la foi dans un homme est détruite par un faux jugement du seul fait que ses conséquences logiques les détruiraient s'il les acceptait ; étant donné l'inconsistance humaine, très souvent l'homme ne les acceptera pas. Si chez un homme, son habitude de jugement moral avisé est viciée en quoi que ce soit, alors il court partout *un risque* ; mais de tous les dangers il ne s'ensuit pas des désastres.

Il peut sembler étrange qu'un professeur de logique remercie Dieu pour l'inconsistance humaine. Examinons alors brièvement en quoi l'inconsistance, d'un point de vue logique, est un mal. Quand nos pensées flottent librement sans contact avec la réalité, l'inconsistance importe peu ou pas du tout. L'inconsistance dans un récit de fiction importe seulement si elle dérange le lecteur ; si elle émerge seulement à l'issue d'un examen attentif et que les lecteurs ne sont en fait pas gênés, ce serait alors vain pour un critique de dire qu'ils auraient dû l'être. De nouveau, si les règles d'un jeu, disons les échecs, sont formulées imparfaitement, de telle façon que, dans une situation extravagante, elles forment des prescriptions incompatibles s'agissant de savoir quels mouvements sont autorisés, pour ainsi dire cela ne vicie pas toute la partie qui s'est déroulée jusque-là. Qu'on puisse en tirer une morale au sujet des inconsistances dans les systèmes mathématiques déductifs résultant de déductions compliquées est une question pour la philosophie des mathématiques.

L'inconsistance importe précisément quand il s'agit de *juger* de façon inconsistante : dans ce cas, c'est juger faussement. Un récit factuel inconsistant sera faux en fait à un moment ; un ensemble d'instructions inconsistant sera inexécutable en un point particulier ; un code moral inconsistant prêtera à objection sur une question. Le défaut de l'inconsistance c'est cela et rien d'autre. Un homme qui verse dans l'inconsistance n'encourt pas un tort supplémentaire d'une sorte spéciale d'erreur, le tort logique ; c'est seulement que la logique suffit à montrer qu'ici ou là (la logique ne dit pas où) il a tort, d'une autre façon que logique.

On peut faire ressortir cela clairement en examinant ce qu'on appelle le Paradoxe de la préface. La préface de

A dit que son livre contient encore sans doute des erreurs dont les amis aimables qui l'ont aidé à enlever les autres ne sont pas responsables ; la préface de B dit que, quoique des amis aimables aient essayé de le persuader que certaines des choses qu'il dit sont fausses, il conserve tout ce qu'il a écrit. Nous devrions juger A comme un homme de bon sens et B comme un idiot vaniteux ; pourtant, la préface de A affirme que le corpus – la préface plus le texte – de son livre est inconsistant, alors que B n'affirme rien de tel au sujet du corpus de son livre. Serait-il alors sage d'être inconsistant et stupide d'être consistant ? C'est seulement parce que les gens ont (du moins dans le fond de leurs esprits) l'idée d'inconsistance comme une sorte d'erreur tout spécialement importante que cela les conduit à des difficultés. Ce qui revient en fait à expliquer notre estime relative des deux préfaces. Étant donné notre faillibilité humaine, le texte sans la préface continuera en fait à contenir des erreurs aussi bien dans le livre de A que dans celui de B : en le reconnaissant, A ne risque pas d'erreur supplémentaire, sans parler d'une sorte pire d'erreur ; B aggrave ses erreurs en disant qu'on n'en trouvera aucune.

Nous sommes susceptibles d'inconsistance comme nous sommes susceptibles d'erreur, et nous ne devons pas consentir à une inconsistance flagrante à laquelle il est possible de remédier ; mais A encourt un reproche d'inconsistance seulement parce qu'il a reconnu qu'il doit avoir fait des erreurs non détectées ; une telle confession ne lui fait pas plus mériter la censure. Être inconsistant implique de s'égarer ; mais toute erreur et tout jugement faux ne sont pas également mauvais, et l'inconsistance à bon escient peut sauver un homme d'erreurs pires que s'il n'était pas inconsistant. C'est la façon dont la Providence utilise une sorte de faiblesse humaine pour mitiger ou prévenir une encore pire.

Dans les *Dialogues sur la religion naturelle* de Hume, son porte-parole, Philon, accuse la Providence divine d'avoir fait prévaloir la paresse. Mais étant donné que Dieu laisse libre cours à d'autres vices humains, c'est une bonne chose que les hommes soient paresseux, comme aussi ils sont incompétents et corruptibles. Les tyrans ne causeraient-ils pas encore plus d'afflictions si leurs sbires étaient d'une transparente incorruptibilité, d'une infaillible efficacité et d'une infatigable activité ! Ce n'est pas seulement par égard pour ses compagnons que les pires vices de l'homme mauvais sont en partie neutralisés par sa paresse, son incompétence et sa vénalité ; dans sa propre âme aussi ses vices mineurs peuvent empêcher ses vices majeurs d'en venir à se développer pleinement et d'oblitérer le bien qui lui reste.

Bien loin donc d'accepter la doctrine de l'unité des vertus, je soutiens que deux vices peuvent être meilleurs qu'un seul, ou à tout prendre moins mauvais, même pour la propre condition de l'homme. Mais après tout, en quoi cette vertu imparfaite est-elle bonne ? N'est-ce pas une vertu bien douteuse ? Pas nécessairement. Je soutiens avec Thomas d'Aquin (*Summa Theologica*, IIaIIae, q. 47, a. 13), que nous devons distinguer entre un homme qui poursuit des fins mauvaises et celui qui poursuit des fins sans valeur. Prenons le cas d'un homme cherchant un gain financier ; il peut s'organiser intelligemment et en anticipant, il peut se confronter aux dangers avec audace – par exemple, dans l'exploration de strates rocheuses potentiellement précieuses – et s'abstenir de toute distraction plaisante à court terme et d'histoires sexuelles ; mais il n'en a pas pour autant les vertus de prudence, courage, tempérance et chasteté ; il n'a pas non plus la vertu de justice en faisant ce qu'il a dit, parce qu'il calcule habilement que l'honnêteté est la meilleure politique. Ce n'est pourtant pas une raison pour rejeter comme douteuses les vertus d'un vieux romain, par exemple, qui a fait du bien de la République le but principal de sa vie.

Cependant toutes les vertus sont finalement vaines pour un homme sans les vertus théologales de foi, d'espérance et de charité. Sans elles, un homme ne peut pas atteindre sa fin dernière ; sans la foi il ne peut même pas voir comment s'orienter vers elle. Sans espérance, il perdra son chemin en négligeant avec présomption des dangers, ou il sera négligent et périra de désespoir. Le goût pour la musique des Cieux est acquis ; à moins qu'il ne soit acquis ici, par la pratique de la charité, un homme est dans une situation où les harmonies célestes ne peuvent être pour lui qu'un tourment.

C'est seulement par les vertus théologales qu'un homme peut surmonter la dérive mortelle de sa nature dans la mauvaise direction que les chrétiens appellent le péché originel. Sans elles, il peut pour un temps éviter les méfaits les plus flagrants, mais pas de façon permanente, parce que sa vigilance n'a qu'un temps (cf. *Summa Theologica*, IaIIae, q. 109, a. 8). Parce que *chaque* péché pouvait être évité, un homme privé de grâce et de vertus théologales l'est par un choix libre et il est comptable de ce qu'il fait ; parce qu'ils ne sont *pas tous* évitables, il est l'esclave du péché. (Ce n'est pas une contradiction : de la même façon, on peut dire sans contradiction, au sujet d'un bateau trop chargé, que *chaque* passager pourrait rester dessus sans qu'il coule, mais que *tous* ne le peuvent *pas*.)

Sans la charité, les vertus qui ne sont pas théologales peuvent être des biens authentiques mais cependant limités.

D'un autre côté, la charité est incompatible avec un manque radical de telles vertus. Cette absence signifierait aussi un défaut de charité ; parce que personne ainsi en défaut ne peut satisfaire le critère pour la charité, énoncé par Thomas d'Aquin et que j'ai cité auparavant : un attachement à Dieu si grand que plutôt qu'être séparé de lui, on préférerait perdre tout autre bien ou souffrir n'importe quel mal.

Qu'en est-il de la connexion entre les vertus théologales elles-mêmes ? La tradition catholique est que la foi, qui est un don de Dieu, peut exister même si pour un temps un homme manque de charité. La foi sans charité est comme un arbre qui a été arraché jusqu'aux racines : il ne portera pas de fruit, et sans une nouvelle bouture même les racines peuvent mourir, mais aussi longtemps que les racines vivent il y a un espoir de renouveau. Ou encore, on peut dire qu'un homme qui a la foi mais a perdu la charité est comme un marin qui a perdu le cap mais a encore son compas ; si l'instrument lui aussi était tombé à la mer, le risque que cela finisse par un naufrage serait grandement accru. Mais la possibilité que la foi revienne avec les fleurs et les fruits de la charité est mince, sauf si l'espérance est préservée aussi bien que la foi. Le vieux dicton : « Honneur perdu, beaucoup de perdu ; espérance perdue, tout est perdu », n'est pas tout à fait vrai, mais le cas d'un homme qui a perdu la vertu d'espérance, que ce soit par désespoir ou arrogance, est très grave : traditionnellement, le désespoir et l'arrogance sont des « péchés contre l'Esprit Saint » par lesquels un homme non seulement se coupe de la grâce mais se crée les plus grands obstacles pour y revenir.

Les hommes sont faits pour la charité, l'amour, et s'ils ne l'ont pas, ils ont tout perdu. Dans ce livre, j'ai souvent cité McTaggart, auquel ma pensée doit tant ; je finis avec les mots par lesquels *The Nature of Existence* s'achève :

De la nature de ce bien nous savons quelque chose. Nous savons qu'il est la réalisation d'un amour hors du temps et sans fin – un amour si direct, si intime et si puissant que même le plus profond ravissement mystique ne nous donne que le plus faible avant-goût de sa perfection. Nous savons que nous ne connaîtrons que nos bien-aimés, ceux qu'ils aiment et nous-mêmes qui les aimons – c'est seulement en cela que nous chercherons et trouverons la satisfaction. Entre le présent et cette fruition, il s'étend un futur qui pourrait bien exiger du courage. Car s'il ne sera pas sans beaucoup de bien – un bien qui va croissant – des maux nous attendent, que nous ne pouvons mesurer actuellement qu'à leur insignifiance infinie au regard de la récompense finale.

INDEX NOMINUM

TABLE DES MATIÈRES

Achevé d'imprimer en octobre 2022
sur les presses de
La Manufacture - Imprimeur – 52200 Langres
Tél. : (33) 325 845 892

N° imprimeur : 220921 - Dépôt légal : octobre 2022
Imprimé en France